JUNIUS

Edgar S. Hasse

HAMBURGS INSELN UND STRÄNDE

40 Touren an die Küsten
und Ufer der Stadt

JUNIUS

HAMBURGS INSELN UND STRÄNDE

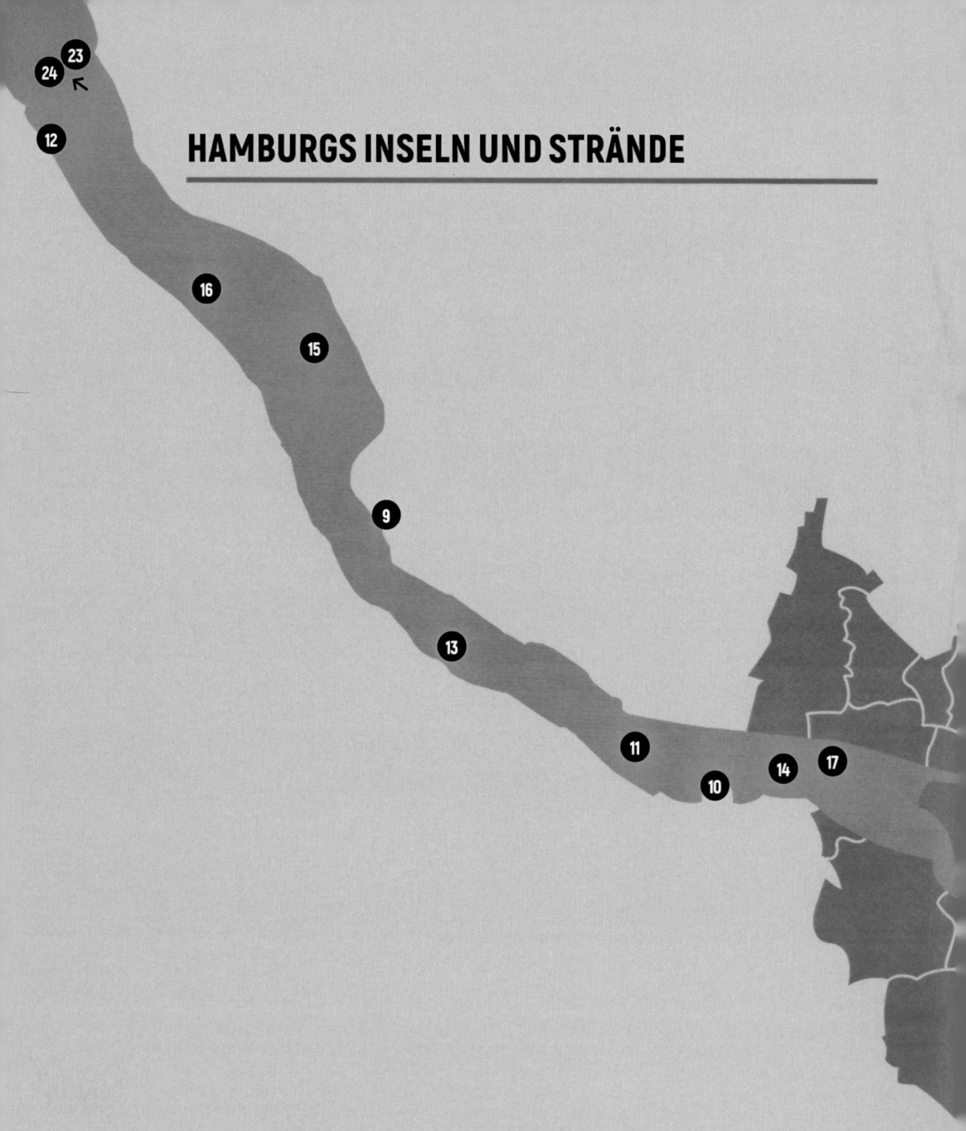

40
39
30
37
38
36
35
22
34
33
19
21
20
28
3
4
18
29
6
5
7
2
26
8
1
27
25
32
31

INHALT

IN HAMBURGS UMGEBUNG

EINLEITUNG

Wenn die ersten warmen Sonnenstrahlen Lebensfreude wecken, wird der Elbstrand zur Bühne. Dann zieht es Sonnenanbeterinnen, verliebte Paare, Familien mit Kindern, Sunset- und Schiffsfotografen, Spaziergänger und Hundebesitzer an die Gestade des Flusses. Das elf Kilometer lange Ufer zwischen Övelgönne und Wittenbergen, begrenzt vom Strom und Takt der Gezeiten, ist aber nicht nur an heiteren, sondern auch an trüben Tagen ein Sehnsuchtsort für alle Sinne. Nirgendwo sonst kommen die Hamburger den Naturgewalten von Ebbe und Flut vor städtischer Kulisse so nah wie hier. Es ist das Gefühl von Freiheit und Fernweh, das sich beim Blick auf die vorbeifahrenden Schiffe, dem Geruch des Wassers und dem steten Wind um die Nase einstellt.

Hamburg ist mit wassernahen Sehnsuchtsorten reich beschenkt: Mit Stränden. Und mit Inseln. Davon handelt dieses Buch. Es lädt ein, die Metropole und ihre Umgebung mit neuen Augen zu sehen und sie auf vierzig Touren aus Insel- und Strandperspektive näher zu erkunden, ja auch, um in den meist sauberen Gewässern zu baden. Selbstverständlich gehören die Perlenschnur-Inseln im UNESCO-Weltnaturerbe Hamburgisches Wattenmeer (Neuwerk, Scharhörn, Nigehörn) genauso dazu wie Timmendorfer Strand, Hamburgs beliebte »Badewanne«. Insgesamt werden 28 Inseln in Elbe (Hamburger Binnendelta und Unterelbe), Alster, Bille und Wattenmeer sowie mehr als zwanzig Strände vorgestellt. Einige davon wurden auch zu einer Tour zusammengefasst. Zum Charakter einer Insel zählt, dass sie als mehr oder minder großes Landstück ringsum von Wasser umgeben ist, selbst dann, wenn es sich – wie bei Krautsand – um schmale Fließgewässer handelt. Als Strände werden flache Küsten- und Uferstreifen aus Sand und/oder Geröll bezeichnet, die durch Wellen und/oder Gezeiten ständiger Veränderung unterliegen.

Der »Wassercharakter der Stadt« (Fritz Schumacher) erschließt sich den Betrachtern, wenn sie die Elbe, den Hafen, Alster und Bille sehen. Hamburg wird gleichsam vom Wasser durchpulst, von der Elbe im Stromspaltungsgebiet bis zu den Kanälen und Fleeten. Architekten verweisen gern auf den »amphibischen« Charakter der Hafenstadt als eine technische Meisterleistung. Diese biologische Metapher geht auf Heinrich Reincke (1881–1960), den ehemaligen Direktor des Staatsarchivs, zurück. Zwar ziehen Hochwasserschutzanlagen, Kais und Ufer scharfe Grenzen zwischen Wasser und Land. Aber in einem beträchtlichen Teil der Stadt haben frühere Generationen, Fröschen gleich, nicht nur das Land, sondern auch das Wasser als Lebensraum und Transportweg für Waren aus aller Welt erobert und auf diese Weise Übergänge geschaffen, damit ihre Bewohner sich wie Amphibien beide Elemente zunutze machen können. Wasser und Erde. Wie in der Speicherstadt. Sie steht auf Eichenpfählen, die in den Elbschlick gerammt wurden.

Die Inseln, teils von Natur, teils von Menschenhand geschaffen, werden daher oft nur auf den zweiten Blick als solche erkannt. Im Binnendelta sind sie – bis auf wenige, geschützte Ausnahmen wie Neßsand vor Blankenese – keine abgelegenen Orte einer natürlichen Idylle mehr, sondern funktionale, miteinander verbundene Landstücke, die vor allem der Hafenwirtschaft, Schifffahrt, Ölindustrie (z.B. Hohe Schaar), Infrastruktur, dem Handel, Wohnen und Arbeiten der Menschen dienen. Dass in den Refugien dieser Miniaturlandschaften zum Teil seltene, endemische Pflanzenarten wie der Schierlings-Wasserfenchel leben, der nur an der Tideelbe wächst, ist nicht zuletzt dem steten Engagement der Naturschützer zu verdanken.

VOM EISE BEFREIT

Mindestens drei Eiszeiten haben das geologische Antlitz Hamburgs und seiner Umgebung im Laufe der Erdgeschichte geformt. Die Elster-Eiszeit gilt als die älteste und liegt rund 475 000 Jahre zurück. Nach einer warmen Periode versank jene Gegend, die wir heute Hamburg nennen, in der Saale-Eiszeit erneut unter Eis und Schnee. Den Höhepunkt hatte diese Kältewelle vor 130 000 Jahren. Und schließlich rückten in der Weichsel-Eiszeit vor 25 000 Jahren noch einmal die Gletscher aus dem hohen Norden bis nach Schleswig-Holstein und Hamburg vor.

Die geologischen Anfänge der Elbe, ihrer Inseln und Strände gehen auf diese Eiszeit zurück. Als der Eispanzer, der im jetzigen Stadtbezirk Hamburg-Wandsbek wohl seine südlichste Kante hatte, vor 22 000 bis 18 000

Jahren zu schmelzen begann, bildeten die anschwellenden Schmelzwässer das Elbe-Urstromtal. Wo sich heute zwischen Geesthacht-Tesperhude und Lauenburg ein mehr als fünfzig Meter hoher Geesthang erhebt, erstreckten sich die Ufer dieser Ur-Elbe. Noch war sie ein mächtiger Strom. Denn die Schmelzwässer der Gletscher erodierten den Untergrund bis zu einer Tiefe von 15 Metern unter Normalnull (NN) und ließen dadurch die ersten Inseln zurück. Doch als am Ende des gigantischen Tauwetters die Wege durch die Belte und der Öresund frei wurden, verringerten sich die Wassermassen stark. Die Ur-Elbe schrumpfte zu einem kleinen Fluss in einem viel zu breiten Bett. Erst als der Meeresspiegel vor etwa 5000 v. Chr. wieder anstieg, wuchs der von Ebbe und Flut (Tide) geprägte Strom, wie wir ihn kennen.

Bei den heutigen Elbinseln ist die typische Sedimentfolge des Elbe-Urstromtales gut zu erkennen, wie Alf Grube vom Geologischen Landesamt Hamburg zu erklären weiß. Meist unter den von Menschen gemachten Auffüllungen folgen Kleie. Dabei handelt es sich um abgelagertes Schwemm-Material, das von Torfen unterlagert werden kann. Darunter folgen Flusssande des Holozän (gegenwärtige Warmzeit) und schließlich die Schmelzwasser-Sande der Weichsel-Kaltzeit – viel Sand für die Strände. Auch die Ostseestrände Norddeutschlands sind, mit Ausnahme der Kreidefelsen auf Rügen, eiszeitlichen Ursprungs.

Die drei Eiszeiten schoben nicht nur steinerne Kolosse wie den 1,8 Milliarden Jahre alten »Alten Schweden« (Hamburg, Övelgönne) von Skandinavien nach Hamburg, sondern ließen auch zahlreiche Seen entstehen, ohne die sich heute manche Badefreuden nicht bieten würden. So ist der Großensee vor den Toren der Hansestadt mit seinem schönen Sandstrand ein vermutlich durch Schmelzwassererosion unter dem Eis entstandenes Gewässer aus der letzten Eiszeit, wie in »Geo-Touren in Hamburg«, einer Publikation der Umweltbehörde, nachzulesen ist. Auch der Garrensee im Kreis Herzogtum Lauenburg mit seinen kleinen, abgetrennten Sandstränden ist ein Kind der Weichsel-Kaltzeit. Andere Gewässer mit ihren Stränden wie der Boberger See sind dagegen Baggerseen und liegen teilweise in einer ebenfalls eiszeitlich geformten Landschaft. Sie sind mit Wasser gefüllte Relikte moderner Abbaugruben für Sand und Kies – Materialien, die unter dem Gesteinsschutt der schmelzenden Gletscher erhalten geblieben sind.

Glücklicherweise lösten immer wieder Warmzeiten die kalten Phasen der Erdgeschichte ab. Wie tropisch das Klima in Hamburg vor 126 000 Jahren in der Eem-Warmzeit gewesen sein könnte, wurde 1910 bei Bauarbeiten für den Hamburger Stadtparksee entdeckt. Dabei kam ein »eigentümliches Torf- und Kalklager« zum Vorschein, wie es in den Berichten über die Aushebung heißt. Darunter waren viele Pflanzenreste, Zapfen und Tannen. Wo heute die Hamburger im Stadtparksee baden, könnten sich vor sehr langer Zeit Flusspferde und Nashörner getummelt haben, vermuten Geologen.

Bagger bei der Elbvertiefung

ALLES IM FLUSS

Die 1165 Kilometer lange Elbe entspringt im tschechischen Riesengebirge und mündet bei Cuxhaven in die Nordsee (Trichtermündung). Sie fließt im sächsischen Dresden an den ersten beiden deutschen Elbinseln, der Pillnitzer und der Gauernitzer Insel, vorbei und erreicht bei Geesthacht das Sperrwerk. Hier wird die Elbe auf bis zu vier Meter über Normallnull gestaut; danach beginnt die Tideelbe mit dem starken Einfluss der Gezeiten. Der Tidenhub, der Abstand zwischen dem höchsten und dem niedrigsten Stand des Wassers, beträgt im Hamburger Hafen im Sechs-Stunden-Rhythmus durchschnittlich 3,60 Meter und ist durch die nunmehr neun Elbvertiefungen kontinuierlich gewachsen.

Bei der Bunthäuser Spitze teilt sich der Fluss in die Norder- und Süderelbe (Stromspaltungsgebiet), um sich auf der Höhe des »Altonaer Balkons« wieder zu vereinigen. Natürliche Phänomene (Sturmfluten, Ablagerungen und Erosionen) sowie menschliche Einflüsse (Deiche, Hochwasserschutzanlagen, Hafenausbau) haben Zahl und Struktur der Flussinseln im Hamburger Binnendelta und der Niederelbe mancherorts auf gravierende Weise verändert. So ist Wilhelmsburg, das einst aus mehreren Inseln bestand, nach der verheerenden Flut von 1962 komplett eingedeicht.

Hamburgs zweiter prägender Fluss ist die 56 Kilometer lange Alster. Sie entspringt in Henstedt-Ulzburg und mündet in die Elbe. Im 12. Jahrhundert wurde sie in der Hansestadt zu einem kleinen Mühlenteich aufgestaut, aus dem durch weitere bauliche Maßnahmen ein großer Landsee wurde. Erst mit der Entstehung der Wallanlagen im 17. Jahrhundert kam es zur Teilung in die rund 18 Hektar große Binnen- und die 164 Hektar große Außenalster, heute ein beliebtes Segelrevier im Herzen der Stadt. Genau dort befindet sich eine versteckte Insel, die Gurlitt-Insel. Wie groß die kulturprägenden Unterschiede zwischen den beiden Flüssen sind, brachte der Dichter Friedrich von Hagedorn (1708–1754) einmal so auf den Punkt: »Der Elbe Schiffahrt macht uns reicher / Die Alster lehrt gesellig sein! Durch jene füllen sich die Speicher / Auf dieser schmeckt der fremde Wein.«

Hamburgs dritter Fluss, die Bille, fließt eher im Schatten von Elbe und Alster. Sie entspringt in der Nähe von Trittau (Schleswig-Holstein) und mündet bei der Brandshofer Schleuse in die Elbe. Als Anfang des 20. Jahrhunderts der Bullenhuser Kanal als lineare Abkürzung für die Billeschleife gebaut wurde, erlebte die Billerhuder Insel ihre Geburtsstunde. 38 Hektar groß, ist sie seitdem komplett vom Wasser umgeben, ein romantisches Paradies für Kleingärtner mitten in der Stadt. Mehr noch: Sogar der ebenfalls künstlich geschaffene Stadtparksee glänzt mit einer eigenen Insel. Diese dient offenbar nur einem Zweck, der mit dem Namen auf poesievolle Weise zum Ausdruck kommen soll: als »Liebesinsel«.

INSELN IM WATTENMEER

104 Kilometer vom Hamburger Rathausturm entfernt liegen drei Inseln wie Perlen im Watt, sie gehören zur Hansestadt: Neuwerk mit rund dreißig Einwohnern sowie die Vogelschutzinseln Scharhörn und Nigehörn. Die Hansestadt darf mit ihnen außergewöhnliche Schätze der Natur ihr Eigen nennen – und für sie Verantwortung tragen. Sie befinden sich im Nationalpark Hamburgisches Wattenmeer, das seit 2011 Teil des UNESCO-Wattenmeer-Weltnaturerbes ist. Nur weltweit einzigartige Kultur- und Naturschätze werden in die berühmte Welterbe-Liste aufgenommen – wie die Serengeti, die Galapagosinseln, der Grand Canyon, das Great Barrier Reef, die Pyramiden von Gizeh sowie, als Würdigung der Kultur, die Hamburger Speicherstadt und das Chilehaus mit dem Kontorhausviertel.

Das Wattenmeer der Nordsee bietet einen einzigartigen Lebensraum. Der aus Elbe und Weser eingetragene Nährstoffreichtum sorgt für eine sehr hohe organische Produktion. Davon profitieren zum Beispiel mehr als zehn Millionen rastende Vögel, die hier auf dem Durchzug stets einen »gedeckten Tisch« voller Muscheln, Würmern,

Vogelstation auf Scharhörn

Krebsen und Fischen vorfinden, wie der langjährige Leiter der Nationalparkverwaltung Hamburgisches Wattenmeer, Klaus Janke, sagt. Auch brüten in den Salzwiesen und Dünen des Wattenmeers regelmäßig Zehntausende See- und Watvögel. Erfreulich ist ebenso die Entwicklung der Seehunde-Population. Heute leben wahrscheinlich zeitweilig rund 40 000 Seehunde im gesamten Wattenmeer. Sorgen bereiten dagegen die Bestände einiger typischer Brutvogelarten. Kiebitz-, Rotschenkel- und auch Austernfischer-Bruten nehmen immer weiter ab. Dafür konnten 2021 auf der Hamburger Vogelschutzinsel Scharhörn fast fünfhundert Eiderenten-Gelege gezählt werden – ein Drittel des deutschen Gesamtbestands.

Der Klimawandel und der steigende Meeresspiegel bedrohen allerdings auch das Hamburgische Wattenmeer. Steigt das Wasser dauerhaft zu schnell, könnte das Watt samt seinen Inseln und Stränden eines fernen Tages versinken. Das zu verhindern muss Aufgabe heutiger und künftiger Generationen sein.

LEGENDE

- Lage
- Fläche
- Länge
- Breite
- ✓ vorhanden/erlaubt
- Einwohnerzahl
- Toiletten
- Gastronomie
- Hunde
- ✕ nicht vorhanden/nicht erlaubt

1

HOHE SCHAAR
Herzkammer des Hafenverkehrs

53° 29′ 45″ N, 9° 58′ 10″ O	4 km²	5 km	ca. 1,5 km	nicht öffentlich	Firmen-kantinen	✓

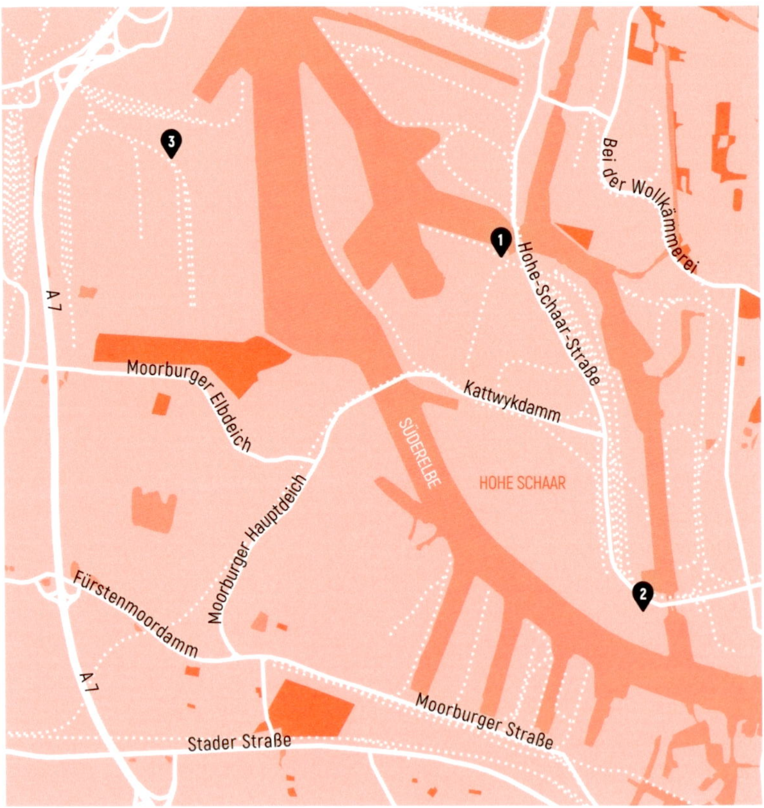

1

ENTERN UND ANKERN

Mit dem ÖPNV vom Hauptbahnhof bis zur Hohe-Schaar-Straße (S 3 nach Wilhelmsburg, dann mit dem Bus 252 zum Blumensand, danach 30 Minuten Fußweg).

INSELBLICK

Sanft umfließen Süderelbe (im Westen und Süden), Reiherstieg (im Osten) und Rethe (im Norden) die schönste, pardon, die ungepflegteste aller Inseln im Binnendelta der Elbe. Der im Volksmund beliebte Spruch »Reif für die Insel« wird hier angesichts der mit Zäunen abgesperrten Tanklager (Oiltanking Deutschland), der Funktionsbauten, des fast unsichtbaren Flussufers und kaum vorhandenen Grüns ad absurdum geführt: Keiner will auf der Elbinsel Hohe Schaar (Stadtbezirk Wilhelmsburg) mit der nördlich angrenzenden Kattwyk-Halbinsel wirklich längere Zeit verbringen – es sei denn zum Arbeiten.

Dabei läuft ohne sie nichts mehr, denn mit ihren Brücken garantiert sie den Warenstrom im Hafen und verbindet Moorburg mit Wilhelmsburg. Zwei gigantische Brücken, die im Norden und im Westen auf das asphaltierte Eiland führen, machen die Tagesbesucher im Blick auf die enorme Ingenieurskunst demütig. Was nach der Passage aber zu sehen ist, erfreut nicht das Auge, sondern dient einzig dem Umschlag, der Lagerung und dem Transport von Gütern. Dafür stehen neben dem dichten Gleisnetz der Hafenbahn zum Beispiel das Silo des Hamburger Getreideterminals (GTH) der Getreide AG an der Rethebrücke und der Umschlagplatz der BLG Logistics Group auf der Kattwyk-Halbinsel. Auf der 324 000 Quadratmeter großen Fläche haben 12 000 Autos Platz. Jährlich werden 2,3 Millionen Fahrzeuge umgeschlagen, deren Reise vor allem nach Großbritannien, Skandinavien und Südeuropa führt.

Rethe- und Kattwykbrücke bilden neben der Hohe-Schaar-Straße im Süden den Zugang zur Herzkammer des Hafenverkehrs. Beide Brücken wurden so konstruiert, dass sie beweglich in der Höhe sind, um Seeschiffen die Durchfahrt zu ermöglichen. Die erst 2020 fertiggestellte, 287 Meter lange Neue Bahnbrücke Kattwyk (Baukosten: 250 Millionen Euro) verbindet Moorburg mit der Kattwyk-Halbinsel und gilt als eine der größten Hubbrücken der Welt. Sie dient dem Verkehr der Hafenbahn und entlastet damit die erste, nach wie vorbestehende Kattwykbrücke (Baujahr 1973), die nunmehr »nur« noch die Trasse für den Straßenverkehr bildet. Die Neue Bahnbrücke integriert Rad- und Fuß-

1

verkehr. Wer hier anhält, findet exzellente Fotomotive des Hafengebiets.

Die Rethe-Bahnklappbrücke im Inselnorden, 2017 eingeweiht, ersetzt den Vorgängerbau aus dem Jahr 1934 und verbindet den Hafenbahnhof Hohe Schaar mit Neuhof und dem Container Terminal Tollerort. Weil Fahrzeug- und Bahnverkehr getrennt sind, entfallen für Autos und Lastkraftwagen künftig lange Wartezeiten. Bisher musste die Straße bis zu 40-mal am Tag gesperrt werden. Die neue Doppelklappbrücke entlastet auch den Schiffsverkehr. Konnten vorher Schiffe mit einer Höhe von maximal 53 Meter durchfahren, gibt es an der größten Bahnklappbrücke Europas keine Höhenbegrenzung mehr für Containerfrachter.

Die Hamburger Hafenbahn als Sparte der Hamburg Port Authority (HPA) betreibt an der Hohe-Schaar-Straße einen Güterbahnhof mit Lokabstellplätzen. Das Unternehmen stellt seine Infrastruktur mit dem mehr als dreihundert Kilometer langen Gleisnetz im gesamten Hafengebiet bereit und ist Bindeglied zwischen den Umschlagterminals für die Containerschiffe und dem europäischen Schienennetz. 152 internationale Eisenbahnunternehmen besitzen eine Lizenz für die Nutzung der Gleise. Wöchentlich fahren rund 235 Züge nach China (Spitzenreiter) und 185 nach Tschechien, und jährlich werden auf den Gleisen der Hafenbahn rund 47 Millionen Tonnen Güter bewegt.

GUT ZU WISSEN

133 Brücken führen zu den Elbinseln im Hamburger Hafengebiet. Für ihre Betreuung und Wartung ist die Hamburg Port Authority zuständig. Damit ein barrierefreier Schiffsverkehr möglich bleibt, wurden Klapp-, Hub- und Rollbrücken gebaut. Das sind die beweglichen Brücken für den Hafenverkehr: Kattwykbrücke, Rethe-Doppelklappbrücke, Reiherstieg-Klappbrücke, Lotsenkanal-Klappbrücke, Holzhafen-Klappbrücke, Westliche Bahnhofskanal-Klappbrücke und die Rollbrücke Cranz im Alten Land. Mehr noch: Die Elbinsel Hohe Schaar soll bis Anfang der 2030er Jahren zum Knotenpunkt der Hafen-Straßenverkehre werden. Mit dem Bau der »Hafenspange«, der neuen A26 als Verbindungsstück zwischen den Autobahnen A1 und A7, ist auf Hohe Schaar eine Anschlussstelle vorgesehen.

NATUR UND UMWELT

Naturschützer befürchten, dass die Hafenautobahn A26 die expandierende Sturmmöwenkolonie auf der Hohen Schaar zerstört. Die Tiere brüten auf einem ehemaligen Spül-

Getreidesilo Kruse an der Rethe-Brücke

gelände im Hafen, das nur spärlich mit Gras bewachsen ist, berichtet der Arbeitskreis Vogelschutzwarte Hamburg. Ein Teil der Kolonie brütet auch außerhalb des umzäunten Spülfeldes auf einem angrenzenden Firmengelände, wo Neststandorte sogar zwischen den Tanks am Fuß von Betonmauern zu finden sind.

HIGHLIGHTS

1 Das **SILO P. KRUSE** hat auf Blumensand 31–33 seinen Hafenstandort. Die Firma ist Dienstleister für den Umschlag und die Lagerung von Getreide, Ölsaaten und Futtermitteln. Am Terminal können Schiffe bis zu einem Tiefgang von 12,6 Meter be- und entladen werden.

2 Im **SHELL TECHNOLOGY CENTER** (Hohe Schaar Straße 36) erforschen 250 Mitarbeiter saubere Energie und leistungsstärkere Kraft- und Schmierstoffe, darunter auch für den Rennsport und die Schifffahrt.

3 Das **CONTAINER TERMINAL ALTENWERDER** (Ballinkai 1) in der Nähe der Kattwyk-Brücke gilt als eines der modernsten Terminals der Welt. Die Abläufe auf dem einen Quadratkilometer großen Gelände sind mit fahrerlosen Transportfahrzeugen und softwaregesteuerten Portalkränen weitgehend automatisiert. Vier Liegeplätze gibt es am 1,4 Kilometer langen Kai.

WEITERE INFORMATIONEN

→ Hafenmanagement www.hamburg-port-authority.de

KALTEHOFE

Hamburgs unbekannteste Inselmeile

53° 31′ 28″ N, 10° 3′ 19″ O | 60 ha | 1,8 km | 520 m | ca. 20 | ✓ | ✓ | ✓

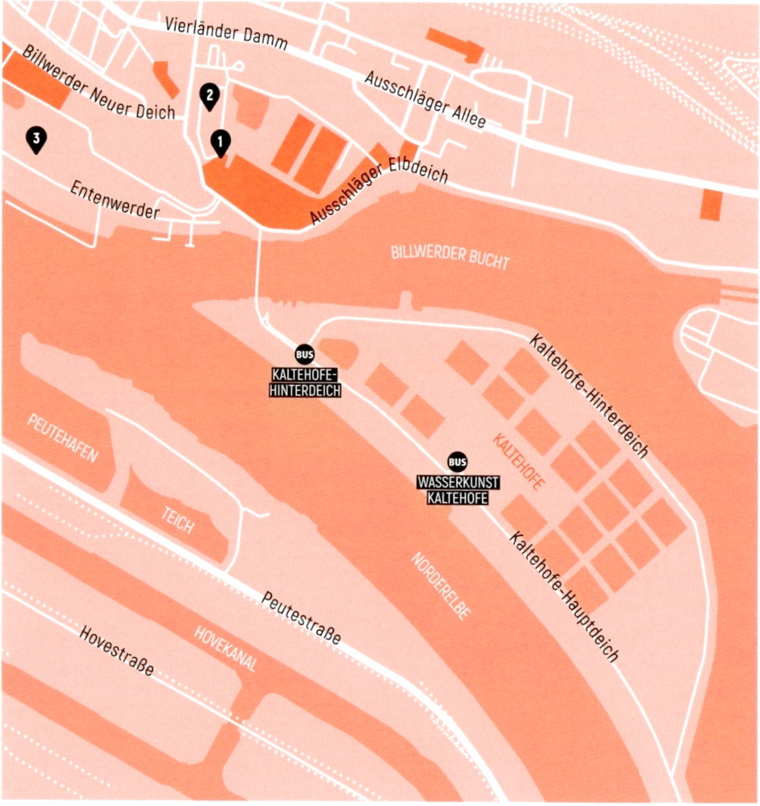

ENTERN UND ANKERN

Mit dem ÖPNV: Bus 350 ab Rothenburgsort bis Haltestelle Kaltehofe-Hinterdeich, danach fünfhundert Meter Fußweg oder bis »Wasserkunst Kaltehofe«. Oder mit der S2/S21: Haltestelle Rothenburgsort, dann etwa zwei Kilometer Fußweg (bzw. Bus 350). Mit dem Fahrrad: Die Anfahrt ist Teil des Elberadwegs. Adresse: Kaltehofe-Hauptdeich 6–7. Die Elbinsel und die Wasserkunst-Anlage befinden sich südlich der City im Stadtteil Rothenburgsort, nicht weit von der A1. Vom Ausschläger Elbdeich kommend mit dem Auto das Sperrwerk queren, der Straße achthundert Meter folgen, dann steht links der Parkplatz »Wasserkunst Elbinsel Kaltehofe« zur Verfügung.

INSELBLICK

Auf der sechzig Hektar großen Insel, 15 Minuten Autofahrt vom Jungfernstieg entfernt, sind die Uhren stehen geblieben. Auf der einen Seite der 520 Meter breiten und 1,8 Kilometer langen Elbinsel, die der Elbhauptdeich im Süden mit dem Festland verbindet, führt eine schmale Straße (Kaltehofe-Hinterdeich) an der Billwerder Bucht vorbei. Hier dümpeln Boote im grauen Wasser, und etliche Menschen leben wassernah in schmalen, kleinen Häusern, die sich an das abfallende Ufer schmiegen. Auf der anderen Seite, wo die Norderelbe fließt, reicht eine neu befestigte Straße (Kaltehofe-Hauptdeich) zu einem der eigentümlichsten Industriebauwerke der Hansestadt: der »Wasserkunst« aus dem 19. Jahrhundert. Mit den schönen Künsten hat dieser Name allerdings nichts zu tun, vielmehr bezeichnete er die reguläre Funktion der Wasserreinigung. Die Anlage, um deren Erhalt sich die Stiftung Wasserkunst Elbinsel Kaltehofe kümmert, kann heute als Denkmal bestaunt werden.

Auf einem 44 Hektar großen Areal sind die Filterbecken der 1893 fertiggebauten und 1990 stillgelegten Wasserkunst zu sehen. Fast einhundert Jahre dienten die 22 Becken des Langsamfilterwerks dazu, das vorgeklärte Elbwasser für die Hamburger Bevölkerung zu reinigen – eine hygienische Innovation. Die Hamburger Cholera-Epidemie 1892 beschleunigte den Bau der Anlage. Später wurde zusätzlich eine Außenstelle des Hygienischen Instituts eröffnet (heute das Hauptgebäude der Stiftung Wasserkunst). Ein Blickfang sind die 36, teilweise stark renovierungsbedürftigen Schieberhäuschen an den Filterbecken. Wie von Franz Andreas Meyer (1837–1901), dem Erbauer der Speicherstadt und der Wasserkunst, geplant, regelten die Arbeiter in den Schieberhäuschen den

2

Zu- und Ablauf der Wassermengen. Zur Trinkwassergewinnung wurde zunächst Elbwasser geschöpft und mittels Langsamfiltration gereinigt, 1964 kam nur noch Grundwasser zum Einsatz.

GUT ZU WISSEN

Bei der Cholera-Epidemie 1892 starben in Hamburg rund 8600 Menschen. Als der damalige Direktor des Berliner Hygienischen Instituts, Robert Koch, die Hansestadt besuchte, war er angesichts der katastrophalen hygienischen Bedingungen in einigen Stadtteilen wie den Gängevierteln entsetzt: »Ich habe noch nie solche ungesunden Wohnungen, Pesthöhlen und Brutstätten für jeden Ansteckungskeim angetroffen wie in den so genannten Gängevierteln. [...] Ich vergesse, dass ich mich in Europa befinde.« Ein Blick in die statistischen Annalen belegt allerdings, dass die Bedingungen im Jahr 1892 nicht überall so schlimm waren. Immerhin verfügten damals, so das »Statistische Bureau der Steuerdeputation«, 45 Prozent aller Wohnungen auf hamburgischem Staatsgebiet über Wasserklosetts. Zum Vergleich: In Berlin waren es gerade mal 8,7 Prozent.

LANDGANG UND TINGELTANGEL

Kaltehofe-Hinterdeich mit Blick auf das Heizkraftwerk Tiefstack und die Billwerder Bucht ist Hamburgs unbekannteste Meile. Es ist die Mischung aus Tristesse und maritimem Flair, die auf der Backbordseite Skipper und Sonnenuntergangsgucker stets aufs Neue fasziniert. Alles ist hier auf das Wesentliche reduziert. Nicht der Überfluss, von dem in der Stadt so viel zu sehen ist, prägt die versteckte Meile, sondern gerade mal das Notwendige. Zum Glück gibt es nach dem Aus für das ehemalige Lokal »Zum Skipper« hier wieder ein neues gastronomisches Angebot auf einem Bootssteg: das Café Schlick (Kaltehofe-Hinterdeich 9) im Moorfleeter Yachthafen (mit kalten Getränken, Fischbrötchen, Pasta.) Auf der Steuerbordseite der Insel lädt das Café Kaltehofe (Kaltehofe-Hauptdeich 6–7) in gemütlicher Atmosphäre zu Speis und Trank (z.B. Elbwasser/Radler) ein. Die Räume auf dem Gelände der Wasserkunst können auch für private Feiern gemietet werden.

Entlang der ehemaligen Filterbecken führt ein kostenfrei zugänglicher Naturerlebnispfad (mittwochs bis sonntags geöffnet) durch den Landschaftspark der Wasserkunst. Dazu gehören der dreißig Meter lange Barfußpfad, eine Vogelbeobachtungsplattform sowie interaktive Informationstafeln.

FAUNA UND FLORA

Längst hat sich auf der stillgelegten Wasserkunstanlage eine beachtliche Artenvielfalt entwickelt. Nach Angaben der Stiftung Wasserkunst brüten auf Kaltehofe 44 Vogelarten, darunter die seltene Dorngrasmücke und die Nachtigall. Rund ein Drittel aller in Deutschland vorkommenden Fledermausarten leben hier. Dazu kommen 281 heimische Pflanzenarten, von denen in der regionalen oder nationalen »Roten Liste« etwa ein Sechstel als gefährdet geführt wird.

HIGHLIGHTS

1 Der 64 Meter hohe **WASSERTURM** (Ausschläger Elbdeich 1) ist das unübersehbare Wahrzeichen von Rothenburgsort. Er wurde von William Lindley (1808–1900) erbaut. Der britische Ingenieur schuf im 19. Jahrhundert die zentrale Wasserver- und Abwasserentsorgung. Die Stadtwasserkunst mit diesem Turm in Rothenburgsort ging 1848 an den Start. Nach Lindleys Plänen wurden vier große Becken gebaut, in denen sich der Schlamm aus der Elbe absetzen konnte, bevor das Wasser geklärt in die Rohrleitungen floss.

Wasserkunst mit Schieberhäuschen

2 Das **WASSERFORUM** (Billhorner Deich 2) ist Norddeutschlands größte ständige Ausstellung rund um die Wasserversorgung.

3 Der 16 Hektar große **ELBPARK ENTENWERDER** lockt zu Spaziergängen, auch mit Hund.

WEITERE INFORMATIONEN

→ Stiftung Wasserkunst Elbinsel Kaltehofe mit Hinweisen zum Café www.wasserkunst-hamburg.de

3 KEHRWIEDER-WANDRAHM-INSEL

Vom Logistik-Zentrum zum Weltkulturerbe

53° 32′ 38″ N, 9° 59′ 20″ O	ca. 1 km²	ca. 800 m	ca. 210 m	ca. 40	✓	✓	✓
53° 32′ 46,3″ N, 10° 0′ 5,8″ O	ca. 0,5 km²	ca. 600 m	ca. 260 m	?	✓	✓	✓

3

ENTERN UND ANKERN

Die zwei Mini-Inseln sind über Brücken zu erreichen. Auf Kehrwieder steht das weltweit bekannte Miniatur Wunderland (Kehrwieder 2; Buslinie 6 bis Auf dem Sande/Speicherstadt; U3 bis Baumwall). Auf Wandrahm hat das Dialoghaus (u.a. Dialog im Dunkeln; Alter Wandrahm 4) sein Domizil (U 1 bis Meßberg, dann über den Wandrahmsteg). An den Landungsbrücken bieten Reedereien Barkassenfahrten durch die Speicherstadt und ihre Fleete an (tideabhängig).

INSELBLICK

Von der Oberbaumbrücke (Nähe Deichtorhallen) im Osten bis zur Kehrwiederspitze im Westen erstrecken sich zwei Inseln, deren Namen und Gestalt fast in Vergessenheit geraten, wohingegen ihre Bebauung, die Speicherstadt, weltbekannt ist: Kehrwieder und Wandrahm. Im Norden grenzt das Inselpaar, das das Kleine Fleet trennt, an Zollkanal und Binnenhafen. Im Süden fließen weitere Fleete (u.a. Holländischbrookfleet, Brooksfleet). Achtzehn Brücken verknüpfen Wandrahm und Kehrwieder mit dem Festland und lassen beim aufmerksamen Spaziergänger einen Eindruck davon entstehen, wie sehr der »amphibische« Organismus dieses Ensembles aus Natur, Bau- und Ingenieurskunst noch immer lebendig ist (siehe Einleitungsteil). Dass Hamburg zu Wasser und zu Lande lebt und arbeitet, lässt sich hier beispielhaft besichtigen.

Kaum wurden die beiden Inseln im 16. Jahrhundert Teil der befestigten Stadt, erlebten sie einen Aufschwung. Emigranten aus Holland, Spanien und Portugal – unter ihnen sephardische Juden – ließen sich nieder. Bis ins 19. Jahrhundert wohnten auf Kehrwieder arme Leute in den sogenannten Gängevierteln. Wandrahm mit den feinen Fachwerkhäusern wurde dagegen zur Heimat gut betuchter Kaufleute und Handwerker, die meisten mit holländischem Migrationshintergrund. Etliche von ihnen arbeiteten als Wandbereiter (Tuchhersteller).

Plötzlich aber kam der Abrisshammer. Die Bürgerschaft entschied 1883, im dicht besiedelten westlichen Teil von Kehrwieder-Wandrahm mit dem Bau der Speicherstadt zu beginnen, dem bald größten zollfreien Lagerhauskomplex der Welt. 20 000 Bewohner mussten die Inseln verlassen, rund eintausend Gebäude wurden abgerissen. Bauingenieur Franz Andreas Meyer (1837–1901) leitete die Planungen und ließ die insgesamt fünfzehn siebenstöckigen Lagerhäuser (u.a. für Teppiche, Gewürze, Trockenfrüchte, Tee, Kaffee) sowie weitere Einzelbauten auf 3,5 Millionen Eichenpfählen

3

errichten, die bis zu zwölf Meter tief im Schlick stecken. Im Zweiten Weltkrieg wurde die Hälfte der Speicherstadt zerstört; besonders hart traf es die Blöcke A, B und C an der Kehrwiederspitze. Heute ragt hier das Hanseatic Trade Center in die Höhe. Das größte zusammenhängende und einheitliche Speicherensemble der Welt steht seit 2015 gemeinsam mit dem Chilehaus und dem Kontorhausviertel auf der Liste des UNESCO-Weltkulturerbes. Die Speicherstadt mit ihren Straßen, Kanälen und Brücken habe einen »außergewöhnlich universellen Wert«, hieß es in der Begründung des Komitees.

SEEMANNSGARN

»Kehr wieder!« könnten die Seemannsfrauen an der Kehrwiederspitze ihren Seemännern nachgerufen haben, als diese mit ihren Schiffen in See stachen. Doch von dem Abschiedsgruß hat die Kehrwiederspitze ihren Namen nicht. Hier mündete früher der Niederhafen (damals Hamburgs Haupthafen) in die Elbe. Bis ins 19. Jahrhundert hatte die Kehrwiederspitze noch keine Verbindung zum anderen Ufer. Der Name erinnerte daran, dass man am westlichen Ende der Insel wieder umkehren musste:

Kehrwiederspitze mit Elbphilharmonie (rechts)

Kehr wieder (plattdeutsch: Kehrwedder), denn das ist eine Sackgasse!

HIGHLIGHTS

Go West! Wir starten im Osten, gehen von der U-Bahn-Station Meßberg über den Wandrahmsteg zum 1 **DIALOGHAUS HAMBURG** (Alter Wandrahm 4) auf die Wandrahminsel, einem Erlebnisort, der die Sinne schult: Die Besucher erfahren in abgedunkelten Räumen, was es heißt, blind zu sein oder absolute Stille zu erfahren. Die nächste Station: das 2 **WASSERSCHLOSS** (Dienerreihe 4). In diesem Speicherstadt-Gebäude wohnten früher die Windenwärter. Sie waren für die Funktionsfähigkeit der hydraulischen Winden zuständig. Heute befindet sich hier ein Restaurant (dreißig Teesorten, Aalsuppe). 2000 Jahre Zollgeschichte werden im 3 **DEUTSCHEN ZOLLMUSEUM** (Alter Wandrahm 16) am Zollkanal lebendig. Das Speicherstadthaus diente von 1900 bis 1984 als Zollamt Kornhausbrücke. Auf Kehrwieder locken zwei Publikumsmagneten Millionen Besucher an: das 4 **MINIATUR WUNDERLAND** als größte Modelleisenbahnanlage der Welt (Kehrwieder 2; ehemaliger Speicherblock D) und das Gruselkabinett 5 **HAMBURG DUNGEON** (ebenfalls Kehrwieder 2). Im Miniatur Wunderland fahren 1120 Züge auf 16 138 Metern Gleisen durch realitätsgetreue Kulissen (u.a. Rom, Skandinavien, Rio de Janeiro). Nach einem Abstecher ins 6 **SPICY'S GEWÜRZMUSEUM** (Am Sandtorkai 34) erreichen wir schließlich den westlichsten Punkt und das Restaurant 7 **STRICKER'S KEHR WIEDER SPITZE** (große Außenterrasse, Blick auf die Elbphilharmonie). Empfehlenswert: Elb-Zander.

UMWELT UND SCHIFFFAHRT

Infolge der Elbvertiefung und Kaimauer-Sanierung versanden die Fleete immer mehr. Die Barkassenunternehmer gehen davon aus, dass sie bald nicht mehr in die Speicherstadt fahren können. Als Ausweg wurde im Jahr 2020 Hamburgs erster Barkassenumbau mit absenkbarem Führerhaus vorgestellt.

WEITERE INFORMATIONEN

- → Restaurant Stricker's www.kehr-wieder-spitze.de
- → Miniatur Wunderland www.miniatur-wunderland.de
- → Hamburg Dungeon www.thedungeons.com

KLEINER GRASBROOK UND GROSSER GRASBROOK

Zwei (noch) ungleiche Schwestern

53° 31′ 52″ N , 9° 59′ 37″ O	4,5 km²	2,8 km	1,1 km	ca. 1200	✓	✓	✓
53° 32′ 30″ N , 9° 59′ 36″ O	1,57 km²	ca. 2,7 km	ca. 800 m	ca. 6000	✓	✓	✓

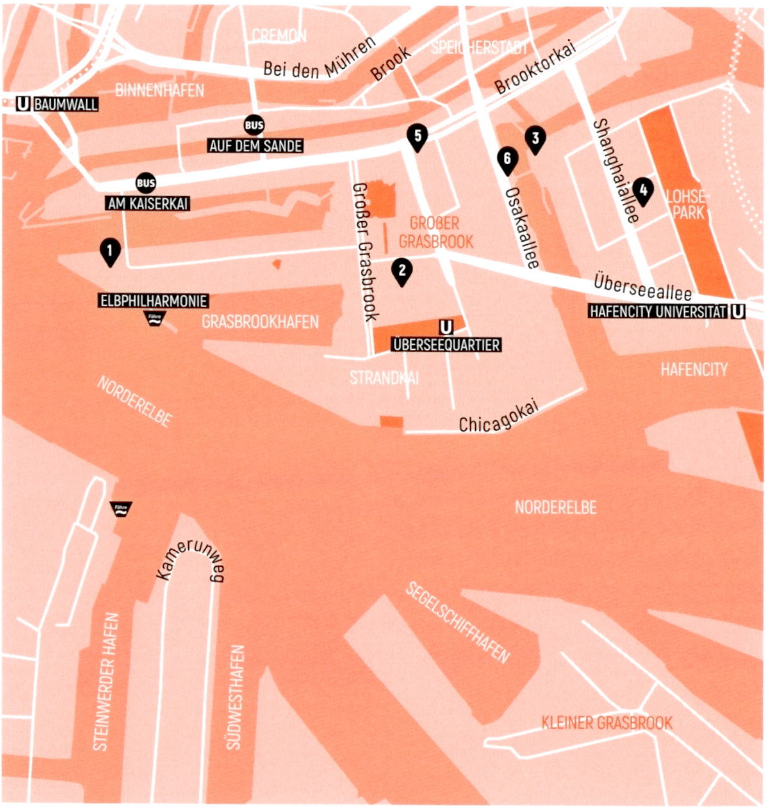

ENTERN UND ANKERN

Wollen Sie zu den 50er Schuppen (Hafenmuseum, Australiastraße) und damit auf den Kleinen Grasbrook? Dafür empfiehlt sich eine Barkasse der Maritime Circle Line ab Landungsbrücken (Nr. 10). Oder die Hadag-Fähre 73 bis Argentinienbrücke, dann mit Buslinie 256. Mit dem Fahrrad: durch den Alten Elbtunnel, von dort sind es nur noch vier Kilometer. Mit der S-Bahn bis Bahnhof Veddel-BallinStadt. Über den Ausgang Nord zur Bushaltestelle Veddel West. Dort mit dem Bus 256 zur Australiastraße. Das ist auch die Adresse für das Auto-Navi. Vor Ort den Schildern »Schuppen 50–52« folgen, wer aus der City anreist, also rechts abbiegen.

Wollen Sie zur Elbphilharmonie (Platz der Deutschen Einheit 1) auf den Großen Grasbrook? Dafür bietet sich die Fähre 72 ab Landungsbrücken zum Anleger »Elbphilharmonie« an. U3 bis zur Haltestelle Baumwall, U4 bis Überseequartier. Buslinie 6 (Haltestelle Auf dem Sande/Speicherstadt) und Buslinien 2 und 111: Am Kaiserkai. Mit dem Rad: StadtRAD-Stationen an der U-Bahn-Station Baumwall und am Kaiserkai. Fahrradständer sind an der »Elphi« vorhanden. Mit dem Auto: begrenzte Parkplätze in der Umgebung, das Parkhaus in der Elbphilharmonie hat 435 Stellplätze.

INSELBLICK

4

Es ist schon erstaunlich, wozu ein niedriges, feuchtes, morastiges Land so alles taugt. Das Wort geht auf das niederdeutsche »breken« zurück und bezeichnet ein Gebiet, das von Wasserläufen durchzogen ist. Das viele Nass auf dem Grasbrook ist kein Wunder, denn drumherum herrscht der Strom der Gezeiten. Ganz grün war der Brook im Mittelalter, die Viehweiden leuchteten saftig, machten Kühe und Schafe satt und den Brook zum Grasbrook. Dass dieser teils morastige Sumpf dermaleinst zu Höherem auserkoren sein sollte, ahnte wohl damals niemand. Als der Mensch zwischen 1568 und 1605 den Grasbrook teilte, um die Norderelbe durchzustechen, begann die schrittweise Erschließung der nunmehr getrennten Inseln Kleiner und Großer Grasbrook. Mit dem Bau der Hafencity und der Elbphilharmonie (Großer Grasbrook) sowie den Plänen für den neuen Stadtteil Grasbrook (Baubeginn: 2023) ist ein spektakulärer Höhepunkt dieser Entwicklung erreicht.

Wer beide Stadtgebiete besucht, erlebt starke Gegensätze. Auf dem Kleinen Grasbrook dominiert noch heute die Hafenwirtschaft (u.a. der Güterumschlag) mit den musealen Relikten aus der Epoche des Stückgutverkehrs in den 50er Schuppen.

4

Mehrere aktive Kaianlagen befinden sich noch immer auf dieser Elbinsel. Am O'Swaldkai steht die größte Station dieser Art, die auf rollende Verladungen spezialisiert ist. Dort können moderne RoRo- und ConRo-Schiffe ebenso abgefertigt werden wie Schwergutladungen. Betreiber ist die UNIKAI Lager- und Speditionsgesellschaft. RoRo-Schiffe (Roll-on/roll-off) sind in der Lage, die Ladung über eigene Rampen zu löschen. ConRo-Schiffe befördern neben dem Rollgut zusätzlich Container.

Dagegen erhebt sich auf dem Großen Grasbrook die moderne Hafencity mit der spektakulären Elbphilharmonie in den Himmel, die Marco-Polo-Terrassen laden zum Verweilen und Genießen ein. An der Adresse Großer Grasbrook 11–13 hat das Logistikunternehmen Kühne + Nagel seinen Hamburger Standort (Regional Head Office). Es ist ein eigener Stadtteil entstanden, in dem 15 000 Menschen arbeiten und rund 6000 wohnen.

Wenn es nach den Stadtplanern geht, wird auf der Schwesterinsel südlich des Großen Grasbrooks kein Stein auf dem anderen bleiben – die kleine soll fast so wie die große werden. In den kommenden Jahren entsteht ein neuer, urbaner Stadtteil mit 3000 Wohnungen (35 Prozent als sozialer Wohnungsbau) und rund 16 000 Arbeitsplätzen, Baubeginn ist voraussichtlich 2023. Die Planungen konzentrieren sich auf drei Quartiere: Im Moldauhafen- und Freihafenelbquartier wird es künftig Wohnhäuser und Büros mit Kitas, Grundschule, Einkaufsmöglichkeiten und Sportanlagen geben. Das Hafentorquartier verbleibt dagegen im Hafengebiet und bietet Platz für die Ansiedlung neuer Unternehmen. Um den neuen Stadtteil Grasbrook mit der Nachbarinsel Veddel zu verbinden, wird eine Brücke gebaut. Wo seit 1967 das Überseezentrum, die damals größte Lagerhalle der Welt, stand, findet künftig das Deutsche Hafenmuseum seinen Platz – samt Museumsschiff »Peking«. Die Eröffnung des Museums ist für 2025 geplant. Die Abrissarbeiten für das Überseezentrum begannen Mitte 2021.

LANDGANG UND TINGELTANGEL

Die Auswahl an Erkundungsmöglichkeiten ist nördlich der Norderelbe (Großer Grasbrook) und südlich davon (Kleiner Grasbrook) riesengroß. Deshalb jeweils eine Empfehlung: eine »Vintage«-Tour zu den 50er Schuppen; und die Visite der Hafencity samt Elbphilharmonie (siehe: Highlights). Wer die Welt der Stückgutfrachter kennenlernen und damit in die Zeit vor dem Containerschiffsverkehr eintauchen will, ist an den 50er Schuppen im südlichen Teil des Kleinen Grasbrook genau richtig (Australiastraße). Sie werden künftig ein zweiter Standort des geplanten Deutschen Hafenmuseums sein. Rund um die noch heute erhaltenen Gebäude, die zwischen 1909 und 1912 gebaut wurden, existiert hier ein europaweit einzigartiger musealer Ort aus der Epoche des Stückgutumschlags. Erhalten geblieben sind darüber hinaus zwanzig Fahrzeuge der alten Hafenbahn, 15 historische Kräne, das Beamtenhaus des »Schuppenvize« (der war für den Schutz wertvoller Güter verantwortlich) und der fahrbereite Stückgutfrachter MS »Bleichen« (Baujahr 1958). Betreut werden die Kaischuppen aus der Zeit von Kaiser Wilhelm II. von der Stiftung Hamburg Maritim.

Wieder im Heimathafen: die »Peking«

GUT ZU WISSEN

Die Stiftung Hamburg Maritim hat die entscheidende Rolle dabei gespielt, dass die legendäre Viermastbark »Peking« von ihrem Dümpel-Liegeplatz in New York nach Deutschland gebracht und aufwendig restauriert wurde. Das Segelschiff befindet sich seit Mai 2020 im Eigentum der Stiftung Historische Museen Hamburg (SHMH). Mit großem Tamtam kehrte die sanierte »Peking« im September 2020 nach 85 Jahren in der Fremde nach Hamburg zurück (siehe Abb.). Bis zu ihrem Umzug zum Deutschen Hafenmuseum liegt die Viermastbark vor den 50er Schuppen im Hansahafen.

Die Hamburger Reederei F. Laeisz ließ den bis zu 17 Knoten schnellen Frachtsegler 1911 bei Blohm + Voss für den Einsatz im Salpeterhandel mit Chile bauen. Sie gehört zu den Flying »P«-Linern, die – wie die Schwestern »Passat« (heute Museumsschiff in Travemünde), »Pommern«, »Padua« und »Pamir« (1957 untergegangen) – allesamt das »P« als ersten Buchstaben im Namen tragen. Der Grund: Die Gattin des Reeders wurde wegen ihres krausen Haares respektvoll »Pudel« genannt, und so entstand die ungeschriebene Regel, dass Laeisz die Namen etlicher Schiffe mit diesem Buchstaben beginnen ließ.

NATUR UND UMWELT

Grüne Flächen sind Raritäten. In der Nähe der Marco-Polo-Terrassen gedeiht seit 2013 der Grasbrookpark (7000 Quadratmeter mit Zierobst, Obstbäumen, Rosen, Rasen, Feldahorn, Blut-, Rot-, Hainbuchen, Säuleneichen, Zitterpappeln). Nach den Plänen von Herzog & de Meuron, den Architekten der Elbphilharmonie, wird der neue Stadtteil Grasbrook auf dem Kleinen Grasbrook gebaut. Dort entsteht ebenfalls ein großer Park mit 10 000 Bäumen (Linden, Eichen, Birken, Obst- und Nussbäume). Teil der Strategie ist es, gezielt Lebensräume für Tiere wie Insekten (Dachbegrünung) und den Haussperling zu schaffen.

HIGHLIGHTS

1 Die **ELBPHILHARMONIE** (Platz der Deutschen Einheit 1) mit der Aussichtsplattform Plaza bietet einen atemberaubenden Rundumblick auf Stadt und Hafen. Tickets können online vorgebucht werden. Die Plaza ist täglich von 10 bis 24 Uhr geöffnet. Herzstück der 865 Millionen Euro teuren und 2017 eröffneten Elbphilharmonie ist der Große Saal in fünfzig Metern Höhe. Er bietet 2100 Konzertbesuchern Platz.

Elbphilharmonie – Konzerthaus mit 2100 Plätzen

4

2 Leckere **FRANZBRÖTCHEN** kann man zum Beispiel in der Filiale der Bäckerei Dat Backhus (Dalmannkai 1) kaufen. Schließlich ist das Plundergebäck in Hamburg in aller Munde. Bis heute weiß keiner, wer das Franzbrötchen (mit reichlich Zimt!) erfunden hat. Eine Version über seinen Ursprung lautet, dass die Hamburger Bäcker während der französischen Besatzungszeit das Croissant kulinarisch vollendet hätten – zum Franzbrötchen.

3 Das **INTERNATIONALE MARITIME MUSEUM** (Koreastraße 1 / Kaispeicher B) birgt 100 000 Exponate aus der Sammlung des legendären Managers und Schifffahrtsexperten Peter Tamm. Auf neun »Decks« und anhand von zahllosen Miniaturmodellen werden 3000 Jahre Schifffahrtgeschichte erlebbar.

4 **THE TABLE** (Shanghaiallee 15) ist das Restaurant des Dreisternekochs Kevin Fehling. Es gibt nur 22 Plätze, Vorbestellungen können mehrere Monate dauern. Fehling, ehemals Küchenchef auf der MS »Europa«, kombiniert klassische Rezepte mit internationaler Exotik und entwickelt nahezu täglich eigene Kreationen.

5 Licht aus, Beine hoch: die **ASTOR FILM LOUNGE** (Am Sandtorkai 46 a) ist Hamburgs Luxus-Kino. Kino-Macher Hans-Joachim Flebbe (CinemaXX) betreibt hier ein Premium-Filmtheater (drei Säle, 419 Plätze, breite Komfortsitze, Reihenabstand bis 1,76 Meter, Dolby-Atmos-Soundsystem).

6 Kopf ab: So erging es dem legenden Piraten **STÖRTEBEKER** den Annalen zufolge am 20. Oktober 1401. Eine Skulptur (Osakaallee/Nähe Busanbrücke) erinnert an den Freibeuter und sein Schicksal. Der Große Grasbrook war die zentrale Hinrichtungsstätte der Stadt. Von 1400 bis zum 17. Jahrhundert wurde an 428 Seeräubern das Todesurteil vollstreckt.

WEITERE INFORMATIONEN

→ Elbphilharmonie www.elbphilharmonie.de
→ Hafenmuseum mit »Peking« www.shmh.de
→ Internationales Maritimes Museum www.imm-hamburg.de

5 NEUHOF

Verlorene Heimat

53° 31′ 4″ N, 9° 57′ 23″ O

ca. 2,1 km²

ca. 2,3 km (maximal)

ca. 1,4 km

×

×

✓

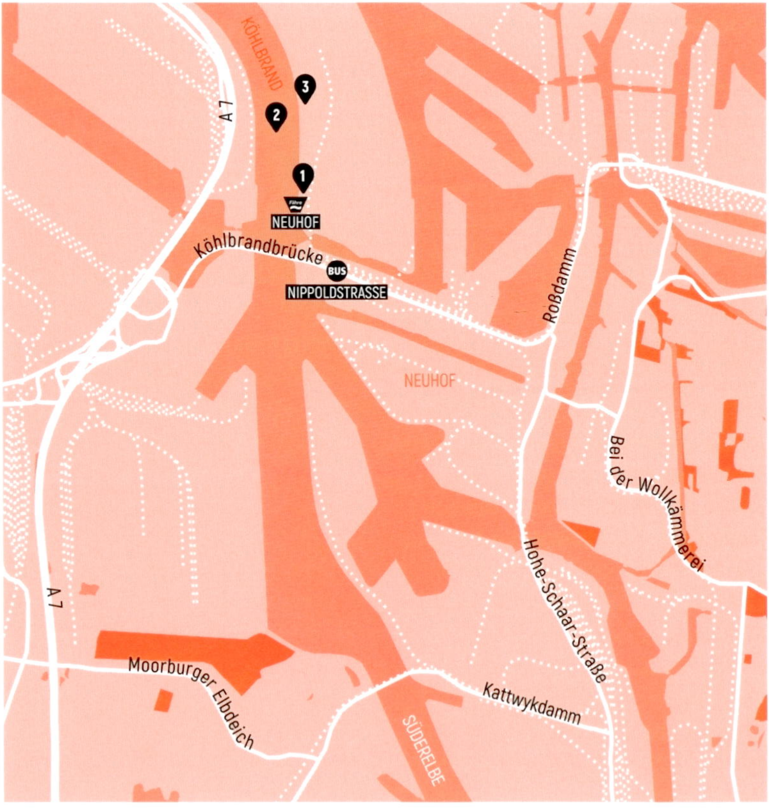

ENTERN UND ANKERN

Mit der Hadag-Fähre 61 gelangt man von den Landungsbrücken (Brücke 2) in St. Pauli montags bis freitags in rund dreißig Minuten zum Anleger Neuhof, am Wochenende kein Fährbetrieb. Mit Bahn und Bus: Vom Hauptbahnhof mit der S3 nach Wilhelmsburg, danach mit dem 152er-Bus zur Nippoldstraße.

INSELBLICK

Oben rollt der Straßenverkehr, unten wird Biodiesel hergestellt. Wir sind auf Neuhof (Stadtteil Wilhelmsburg), der früheren Heimat von rund 3000 Menschen. Wie die Hansestadt Hamburg eine Insel für die Hafenwirtschaft komplett unterworfen hat, lässt sich unterhalb der 54 Meter hohen Köhlbrandbrücke in Augenschein nehmen. Das 1974 eröffnete Bauwerk verbindet die Elbinsel Wilhelmsburg mit der Autobahn A7, Waltershof und Steinwerder und ersetzt den vormaligen Fährbetrieb. Die 3,6 Kilometer lange Trasse, auf der täglich mehr als 36 000 Fahrzeuge, davon rund 12 000 Lkw, herauf- und herabdonnern, hat die ehemalige Fischer-, Bauern- und Arbeiterinsel rund um die Nippoldstraße für immer verändert und die Einwohner vertrieben. In den 1980er Jahren verließen die letzten Neuhofer ihre Heimat.

Gut fünfhundert Jahre lang war Neuhof eine lebenswerte Elbinsel, auf der Strandgras, Zwergweiden, Binsen und Ried wuchsen und Familien von Fischfang, Weidewirtschaft und Schifffahrt leben konnten. Köhler verkauften ihre Holzkohle an die Schiffer; dieses Handwerk verlieh dem Flussabschnitt auch seinen Namen »Köhlbrand«. Selbstverständlich konnte man damals darin baden. Ehemalige Neuhofer, die sich noch heute regelmäßig treffen, berichten über eine bestens funktionierende Sozialstruktur. Anfang des 20. Jahrhunderts gab es einen Gesangsverein, vier Lotterieklubs, fünf Sparklubs, drei Pfeifenklubs, einen Kleingartenverein. 1912 wurde im ehemaligen Kuhstall des Quandtschen Hofs sogar ein Kino eröffnet. Mit Stummfilmen.

Die Industrialisierungswelle bescherte den Einheimischen mit dem Bau der Vulkanwerft neue Perspektiven. Wo heute die Köhlbrandbrücke die von Rethe, Köhlbrand, Reiherstieg, Roßkanal und Neuhöfer Kanal umflossene Insel dominiert, standen in einer langen Linie Gründerzeithäuser für die Arbeiter, in denen noch 1972 fast 2400 Menschen lebten. Doch dann kam der Abrisshammer – und damit das Ende einer Epoche.

Unterhalb der Köhlbrandbrücke, in der Nippoldstaße, stehen heute die großen Terminals der ADM Hamburg Aktiengesellschaft. Dafür musste »Hertas

Stübchen«, eine Kneipe, weichen. Die Türme zählen zu den leistungsfähigsten Umschlagsilos in Deutschland. Auf dem Gelände befindet sich der größte Ölsaaten- und Raffineriekomplex in Europa, in dem Rapssaaten und Sojabohnen zur Verwendung in Margarinen, Pflanzenölen und pharmazeutischem Glyzerin verarbeitet und raffiniert werden. ADM ist nach eigenen Angaben führender Hersteller von Biodiesel in Deutschland und Europa. In der Nippoldstraße erinnert die Bushaltestelle »Kraftwerk« an das ehemalige Kraftwerk Neuhof, das 1991 stillgelegt wurde. Nicht weit davon (Köhlbranddeich 50) hat das »maritime competenzcentrum« seinen Sitz. Es ist Bildungsträger für Mitarbeitende in den deutschen Seehäfen und der hafennahen Logistik und bietet unter anderem Seminare zum Thema Sicherheit an.

Letzte Zeugin der verlorenen Heimat ist am Neuhöfer Damm 95 ein rotes Backsteingebäude aus dem Jahr 1913 – die ehemalige Grundschule. Mit dem Bau der Köhlbrandbrücke wurde sie geschlossen, weil die Schulkinder ebenfalls die Insel verlassen hatten und der Nachwuchs fehlte. Von 1990 bis 2007 wurde das im Stil der Schumacher'schen Schulbauten errichtete Gebäude als Flüchtlingsunterkunft genutzt. Nun steht es leer, und mit jedem Jahr verschlechtert sich die Bausubstanz, wie Denkmalschützer warnen. Der Hamburger Denkmalverein fordert, den historischen Schulbau mit Sicherungsmaßnahmen vor dem weiteren Verfall zu schützen und eine neue Nutzung, etwa durch die Kreativwirtschaft, zu ermöglichen. Ein Ende ist jedenfalls besiegelt: Die sanierungsbedürftige Köhlbrandbrücke soll bis zum Jahr 2036 abgerissen und durch einen Tunnel ersetzt werden.

GUT ZU WISSEN

Viele Neuhofer standen bei der 1909 von Kaiser Wilhelm II. eingeweihten Vulkanwerft (auch: Vulcanwerft) auf Steinwerder in Lohn und Brot. Dort lief 1912 die »Imperator« vom Stapel, damals das größte Schiff der Welt, noch größer als die »Titanic«. Der 276 Meter lange Passagierdampfer (4000 Passagiere) wurde von der HAPAG (Hamburg-Amerikanische-Packetfahrt-Actien-Gesellschaft) auf der Hamburg-Amerika-Linie eingesetzt und begründete die Imperator-Schiffsklasse, zu der später die »Vaterland« und die »Bismarck« gehörten (Stapellauf 1913 bzw. 1914).

NATUR UND UMWELT

Jährlich gehen rund 60 000 Kubikmeter Niederschlagswasser auf die Köhlbrandbrücke und ihre Fahrbahn nieder. Dadurch gelangen Schwermetalle wie Blei und Chrom ins Elbwasser.

Fähranleger mit Brückenblick

Eine Regenwasserbehandlungsanlage soll künftig den Niederschlag von den Schadstoffen befreien.

HIGHLIGHTS

1 Am Köhlbranddeich 22 befindet sich ein Standort der **HAMBURGER SCHIFFSBEFESTIGER**. Das Team vertäut rund um die Uhr Seeschiffe jeder Größe. Für ihren Job haben sie zwölf Festmacherboote, 23 Windenfahrzeuge und zwei Speedboote im Einsatz.

2 Der **KÖHLBRAND** ist ein mehr als dreihundert Meter breiter Mündungsarm von der Süder- in die Norderelbe. Er entstand nach mehreren Sturmfluten.

3 Am Köhlbranddeich 1 betreibt das Unternehmen Hamburg Wasser das **KLÄRWERK KÖHLBRANDHÖFT**. Dort wird Hamburgs Abwasser gereinigt. In den zehn eierförmigen Faulbehältern findet die Schlammbehandlung statt. Das entstehende Gas wird zur Energiegewinnung genutzt.

WEITERE INFORMATIONEN

→ Zeitzeugenberichte über Neuland www.alt-wilhelmsburg.de

6

STEINWERDER

Im Herz des Hafens

53° 32′ 4″ N, 9° 57′ 26″ O

7,43 km²

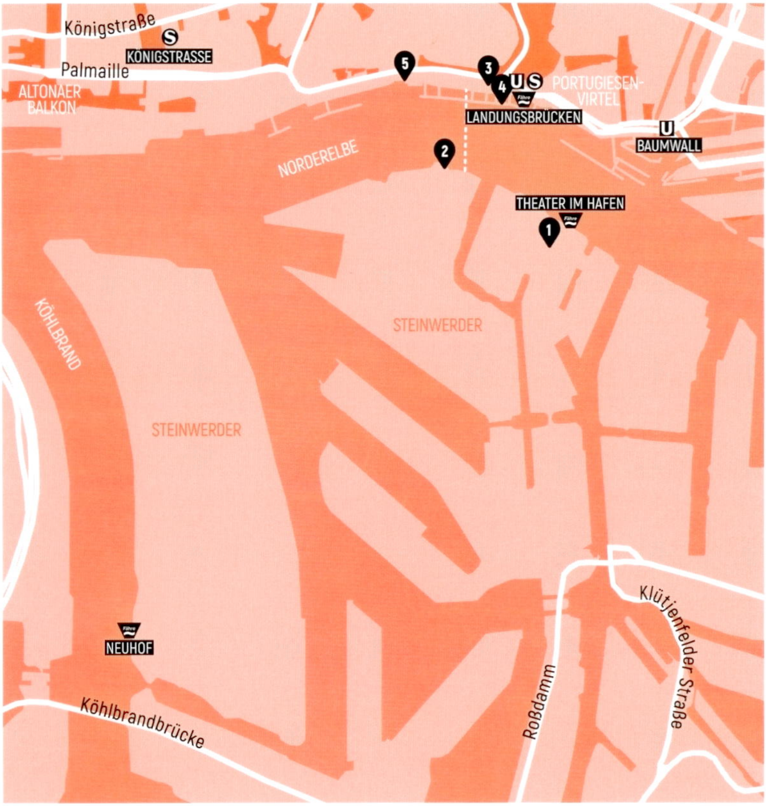

ENTERN UND ANKERN

Die Flussinsel kann unterirdisch, auf dem Wasser- und dem Landweg erreicht werden. Der 24 Meter unter der Elbe gelegene Alte Elbtunnel erstreckt sich von den St. Pauli-Landungsbrücken auf 426 Metern nach Steinwerder. Er wurde am 7. September 1911 von Kaiser Wilhelm II. eingeweiht und sollte damals Werftarbeiter und Güter schnell von der einen Elbseite auf die andere bringen. Der Alte Elbtunnel ist Tag und Nacht kostenlos für Radfahrer und Fußgänger geöffnet (ÖPNV-Haltestellen: U3 und S1/Landungsbrücken, Buslinie 156/Alter Elbtunnel). Wer Steinwerder vom Wasser aus erkunden will, sollte eine Hadag-Hafenfähre (Start: Landungsbrücken) nutzen. Die Linie 73 hält nach Abfahrt gleich auf der gegenüberliegenden Seite. Dort befindet sich im Norden Steinwerders das Theater im Hafen. Die Hafenfähre 75 braucht von den Landungsbrücken nur fünf Minuten auf die Insel. Wer den Süden erkunden will, entert die Hadag-Fähre 61 »Neuenfelde«. Sie startet von Brücke 2 (Landungsbrücken) und fährt bis in den Köhlbrand mit Blick auf die Köhlbrandbrücke. Mit dem Auto empfiehlt sich eine Fahrt über die Köhlbrandbrücke und zum Cruise Terminal Steinwerder.

INSELBLICK

Steinwerder trägt Falten. Wäre die Elbinsel ein Mensch, zeigte sie Runzeln, die sich nach einem arbeitsreichen Leben ins Gesicht gegraben haben. Die Industrialisierung und der Boom des Schiffbaus im 20. Jahrhundert hinterlassen auf der 7,43 Quadratkilometer großen Insel tiefe Spuren. Noch heute ist der größte Teil fest in der Hand der Hafenwirtschaft und Gewerbetreibenden. Wer auf den Landungsbrücken steht und über die Norderelbe blickt, sieht auf der anderen Seite das Trockendock »Elbe 17« der Traditionswerft Blohm + Voss. Sie ist längst nicht mehr eigenständig, denn der zivile Schiffsbauzweig gehört zur Bremer Fr. Lürssen Werft. Dabei war die Geschichte einst glanzvoll: Bei Blohm + Voss liefen die großen Passagierdampfer wie die »Bismarck« (1914) und P-Liner wie die »Peking« (1911) vom Stapel. Andere Werften auf Steinwerder haben längst das Zeitliche gesegnet (Stülcken, Schlieker, Howaldtswerke). Doch der Hafen bleibt das größte und wichtigste Gewerbegebiet Hamburgs und Arbeitgeber für rund 130 000 Menschen.

Im Osten und Westen wird Steinwerder (auch: Steinwärder) von den Elbarmen Reiherstieg und Köhlbrand begrenzt, im Süden von der Köhlbrandbrücke. Im Mittelalter wurde die

6

damals eigenständige Insel Nordersand eingedeicht. Als der Große Brand von 1842 die Innenstadt verwüstete, landete der Bauschutt zum Deichschutz auf Nordersand – seitdem nennen die Hamburger das Eiland Steinwerder (Werder bedeutet Flussinsel).

Der Weg ist das Ziel, um Steinwerder einmal näher zu erkunden. Los geht's im Alten Elbtunnel an den Landungsbrücken. Die noch heute intakten Aufzugkörbe beförderten damals sogar komplette Pferdefuhrwerke. Die Lampen im Alten Elbtunnel tauchen die unterirdische Trasse in fahlgelbes Licht – ein exzellentes Fotomotiv. Noch imposanter wird der Blick, wenn man von Steinwerder auf die Landungsbrücken und die Skyline mit der Hauptkirche St. Michaelis und steuerbord elbaufwärts auf die Elbphilharmonie schaut. Allein deshalb lohnt der Ausflug auf die andere Elbseite inmitten von Hafenromantik.

Dass die Insel für Touristen durchaus attraktiv sein kann, lässt sich am neuen Cruise Terminal Steinwerder inspizieren. Es wurde 2015 eingeweiht und kann pro Tag bis zu achttausend an- und abreisende Gäste abfertigen. Im Vergleich zu den beiden anderen Cruise Terminals (Grasbrook und Altona) sind Ankunft und Abreise räumlich getrennt. Hamburg-Steinwerder ist »Heimathafen« für jeweils ein Kreuzfahrtschiff des Unternehmens Aida Cruises mit Sitz in Rostock. Im Süden der Insel zieht dagegen die Köhlbrandbrücke die Blicke auf sich, die auf einer Fahrt mit der Hafenfähre 61 bestaunt werden kann. Die rund 55 Meter hohe und 520 Meter lange Stahlbrücke über den Köhlbrand zwischen Waltershof und Steinwerder wurde 1974 eröffnet und soll bis zum Jahr 2036 abgerissen werden, um einem Neubau zu weichen.

GUT ZU WISSEN

Auf Steinwerder hatte Ende des 19. Jahrhunderts die erste Hamburger Seemannsschule ihren Sitz. Die Bildungseinrichtung wurde 1862 von Reedern gegründet. Bis sie 1889 nach Waltershof umzog, büffelten die 13 bis 17 Jahre alten Schüler in einem Übungsschiff. Sie schliefen an Bord in Hängematten. Die Ausbildung zum Decksjungen und Leichtmatrosen dauerte ein bzw. zwei Jahre.

UMWELT

Jährlich laufen rund zehntausend Seeschiffe den Hafen an. Sowohl die Container- als auch die Kreuzfahrtschiffe tragen zu schädlichen Emissionen bei. Wie aus einem Nachhaltigkeitsbericht der Hafenwirtschaft im Auftrag der Hafenbehörde HPA hervorgeht, ist die Containerschifffahrt für siebzig Prozent des Stickoxid-Ausstoßes im Hafen verantwortlich, bei Tankern sind es etwa zehn und bei Kreuzfahrtschiffen vier Prozent. Hafenwirtschaft und Kreuzfahrtbranche arbeiten daran, schädliche Emissionen konsequent zu senken.

HIGHLIGHTS

1 Das **STAGE THEATER** im Hafen (Rohrweg 16, barrierefreier Zugang) bringt Afrika nach Steinwerder. Hier residiert unter imposantem Zelt der »König der Löwen«. Das Erfolgsmusical hatte im Dezember 2001 auf der Flussinsel Premiere. Bislang war jede Vorstellung ausverkauft. Das Musical-Theater befindet sich auf dem Gelände der früheren Stülcken-Werft.

2 Das 351 Meter lange Trockendock **ELBE 17** ist eines der größten in Europa. Sogar die »Queen Mary 2« (345 Meter) und die »Quantum of the Seas« (348 Meter) passen hinein.

3 Die **ST. PAULI-LANDUNGSBRÜCKEN** sind der schwimmende Laufsteg am Hafenrand. An grauen Wintertagen herrscht hier gähnende Leere, im Sommer sind sie rappelvoll. Die Pontonanlage ist 700 Meter lang und besteht aus zehn beweglichen Brücken.

Trockendock Elbe 17 bei Blohm + Voss

4 In der Nähe der Landungsbrücken (Bei den St. Pauli- Landungsbrücken 3–4) hat die **FRS HELGOLINE GMBH** ein Verkaufsbüro. Mit ihrem Hochgeschwindigkeitskatamaran kann man in dreieinhalb Stunden bis nach Helgoland fahren. Die ersten Minuten gleitet der »Halunder Jet« an Steinwerder vorbei (Container-Terminal Tollerort im Nordwesten und das eierförmige Hauptklärwerk von Hamburg Wasser).

5 **STRAND-PAULI** (Hafenstraße 89), der trendige Beachclub, lockt im Sommer mit eisgekühlten Getränken und im Winter mit Glühwein.

WEITERE INFORMATIONEN

→ Fähranleger und -linien www.hadag.de
→ Strand-Pauli www.strandpauli.de
→ Hochgeschwindigkeitskatamaran www.helgoline.de

7

VEDDEL MIT PEUTE

Insel des Abschieds

53° 31′ 0″ N, 10° 2′ 0″ O | 4,4 km² | ca. 3 km | ca. 700 km | 4400 | ✓ | ✓ | ✓

ENTERN UND ANKERN

Mit einer Barkasse der Maritime Circle Line von Landungsbrücke 10 zum Auswanderermuseum BallinStadt (Veddeler Bogen 2). Mit dem ÖPNV vom Hauptbahnhof zum Veddeler Marktplatz: S3 bis Veddel (Ballinstadt), dann mit dem 154er-Bus (Richtung Berliner Tor/Bürgerweide) in fünf Minuten zum Veddeler Marktplatz. Wer vorher Kontakt zu den Wanderruderern »Die Wikinger« (www.wikinger-hamburg.de) aufnimmt, kann mit dem eigenen Boot bis zu deren Steg am Marktkanal fahren. Mit dem Auto ins Industriegebiet der Nachbarinsel Peute (Hovestraße).

INSELBLICK

Wie der Mensch die Elbinseln nach seinem Gusto formt, erlebt man auf der Veddel hinter den Neuen Elbbrücken. Begrenzt von Norderelbe, Müggenburger Zollhafen und Autobahn liegen die Flussinseln Große Veddel, Kleine Veddel und Peute. Ursprünglich gehörten sie zur Elbinsel Gorieswerder, die nach mehreren Sturmfluten im Mittelalter auseinanderbrach. Die Peute veränderte sich abermals, als sie in den 1870er Jahren mit dem Elbdurchstich vom gegenüberliegenden Stadtteil Rothenburgsort getrennt und damit zur Insel wurde. Noch in den 1920er Jahren fuhren die Hamburger mit Barkassen zum »Sommer-Etablissement« von August Schwaff auf die Peute. Turnfeste, Tanzveranstaltungen und Ballonfahrten ließen die Herzen höherschlagen, wie sich an einem plattdeutschen Gedicht erahnen lässt: »Scheun wör ook ne Elfregatta / As Start und Ziel: de Peut / ook an een grootes Turnerfest / Harr ick mi bannig freut« (mehr dazu: www.veddel-bilder.de). Wie der Name Veddel (niederdeutsch = Weideland) verrät, erstreckten sich auf dieser Flussinsel einst Wiesen und Weiden – das meiste Land war in der Hand der Milchbauern.

Mit der Industrialisierung Ende des 19. Jahrhunderts eroberten immer mehr Menschen Veddel und Peute – Auswanderer und Arbeiter vor allem. 1909 begann dort mit dem ersten Spatenstich die Erfolgsgeschichte der Aurubis AG (ehemals Norddeutsche Affinerie). Die Kupferhütte umfasst vierzig Prozent der Inselfläche und ist weltweit führend beim Recycling von Kupfer, Edelmetallen und Nicht-Eisenmetallen. Jährlich werden 700 000 Tonnen Rohstoffe zur Wiederverwendung verarbeitet.

Tränen flossen dagegen auf der Veddel. Wo sich heute das Auswanderermuseum BallinStadt befindet (Veddeler Bogen 2), nahmen zu Beginn des 20. Jahrhunderts Hunderttausende Abschied von ihrer Heimat und suchten

7

ihr Glück in der Neuen Welt. Auf nach Amerika! Zwischen 1901 und 1907 ließ der Reeder Albert Ballin (1857–1918), Generaldirektor der Hamburg-Amerikanischen Packetfahrt-Actien-Gesellschaft (HAPAG), auf der Veddel eine Kleinstadt für Auswanderer bauen, um den Ansturm auf die Schiffe zu steuern. Die so genannte Ballinstadt stellte Übernachtungsplätze zur Verfügung, darüber hinaus Krankenstation, Kirche und Synagoge. Drei Hallen sind im Originalzustand wiederaufgebaut worden und können im Auswanderermuseum besichtigt werden.

GUT ZU WISSEN

Von 1850 bis 1939 wanderten mehr als fünf Millionen Menschen von Hamburg per Schiff in die Neue Welt aus – buchstäblich mit Koffern voller Hoffnung. Die rund dreißig Auswandererhallen boten 5000 Menschen so lange Platz, bis ein Schiff sie über den Atlantik nach Nord- oder Südamerika bringen konnte. Zu den Auswanderern (ab Bremerhaven) zählte im Jahr 1885 auch ein pfälzischer Frisör aus Kallstadt an der Weinstraße. Es handelte sich um Friedrich Trumpf (sic), den Großvater des früheren US-Präsidenten Donald Trump. Friedrich, der in den USA seinen Vornamen in Frederick und auch den Nachnamen ändern ließ, eröffnete Restaurants, Freudenhäuser und Bars an der Westküste, kam zu viel Geld beim Klondike-Goldrausch und legte somit das finanzielle Fundament für die Familiendynastie, deren Oberhaupt sich gern als Selfmade-Milliardär inszeniert.

LANDGANG UND TINGELTANGEL

Eine Tour zur Industrie auf der Peuteinsel sollte auf jeden Fall die Hovestraße ins Visier nehmen. Die Zweite Peutebrücke führt zunächst zum Kupfergiganten Aurubis, dann zu einer Spedition und schließlich zur Otto Dörner Entsorgung GmbH. Hinter dem Hovekanal sitzt in der Peutestraße 32 das Amazon Verteilzentrum Hamburg (DHH1). Hier werden Sendungen aus anderen Amazon-Logistikzentren angeliefert und binnen kürzester Zeit verteilt. An diesem Standort können pro Tag bis 50 000 Pakete abgefertigt werden.

Zwei maritime Törns mit spektakulären Perspektiven (Hafencity, Elbphilharmonie, Landungsbrücken) können Skipper unternehmen: die Umrundung der Veddel samt Hansahafen (sieben Kilometer) und durch die Gewässer rund um die Peute (etwa sechs Kilometer). Und schließlich bietet sich eine Museumstour in die Geschichte der Auswanderer und Migranten an (BallinStadt – das Auswanderermuseum, mit wechselnden Sonderausstellungen).

Wie die Menschen im multikulturellen Stadtteil Veddel (4400 Einwohner aus fünfzig Nationen) wohnen, sieht man an der Veddeler Brückenstraße. Es sind mehrstöckige Rotklinker-Bauten, die in den 1920er Jahre nach den Plänen von Oberbaudirektor Fritz Schumacher als Teil der »Groß-Siedlung Veddel« geschaffen wurden. Dafür musste die Sloman-Siedlung, eine kleine, idyllische Gartenstadt für Hafen- und Werftarbeiter, weichen.

Luftaufnahme der Peute, im Vordergrund der Müggenburger Zollhafen

UMWELT

Verkehr, Lärm und Emissionen belasten Veddel und Peute. Werktäglich queren rund 130 000 Kraftfahrzeuge die Neuen Elbbrücken nordöstlich des Veddeler Markts. Um die Feinstaub-Emissionen zu senken, nahm die Kupferhütte Aurubis 2021 ein 85 Millionen teures Abluftsystem mit Filtern in Betrieb. Damit sollen die Werte um bis zu siebzig Prozent gesenkt werden.

HIGHLIGHTS

1 Am Veddeler Stieg steht ein 1983 geschaffener **BRUNNEN** der Künstlerin Doris Waschk-Balz. Bänke laden zum Verweilen ein.

2 Die rustikale **VEDDELER FISCHGASTSTÄTTE** (Tunnelstraße 70), seit 1932 eine kulinarische Oase (Riesen-Portionen Backfisch) zwischen Bahngleisen und Autobahn, ist längst legendär. Doch der Fischbratküche droht (Stand: Ende 2021) der Umzug, weil der Senat das Gebiet an den Elbbrücken neugestalten will.

3 Das **DOCK DER INTERNATIONALEN BAUAUSSTELLUNG** (IBA Dock) am Müggenburger Zollhafen 12 (gegenüber dem Auswandererzentrum) ist Deutschlands größtes schwimmendes Ausstellungs- und Bürogebäude. Das Haus ruht auf einem fünfzig Meter langen und 26 Meter breiten Beton-Ponton.

WEITERE INFORMATIONEN

→ Veddeler Fischgaststätte www.veddeler-fischgaststätte.de
→ Auswanderermuseum www.ballinstadt.de

8 WILHELMSBURG

Pulsierendes Leben hinter Stahl und Beton

53° 29′ 42″ N, 10° 0′ 40″ O

35 km² (Stadtteil)

54 000

✓ ✓ ✓

8

ENTERN UND ANKERN

Der schnellste Weg auf Deutschlands größte Flussinsel: mit der S31 von Hamburg-Hauptbahnhof zum S-Bahnhof Wilhelmsburg (neun Minuten). Der maritime Törn zum Kennenlernen: mit der Hafenfähre 73 von den Landungsbrücken bis zur Ernst-August-Schleuse. Und nach 15 Minuten wieder zurück – mit einer der schönsten Aussichten auf Hamburg, inklusive Elbphilharmonie und Fernsehturm. Mitten ins szenige und multikulturelle Leben von Wilhelmsburg führt dagegen die Fahrt mit der »Wilden 13«. Das ist die Metrobuslinie 13, im Volksmund benannt nach dem Buch »Jim Knopf und die Wilde 13«. Los geht's am S-Bahnhof Veddel, Ausstieg: Stübenplatz. Die Romantiker geben Schönenfelder Straße 99 A ins Navigationsgerät ein. Hier steht, im ländlichen Teil der Flussinsel, die Windmühle Johanna – auch das ist Wilhelmsburg.

INSELBLICK

Als im Februar 1962 das Sturmtief »Vincinette« die Pegelstände in der Elbe steigen ließ, drückte das Wasser in den Aßmannkanal. Binnen kurzer Zeit nahm auf der Elbinsel die größte Naturkatastrophe des 20. Jahrhunderts in Deutschland ihren Lauf. Wilhelmsburg traf es am schwersten. Sechzigtausend Menschen wurden von den Wassermassen eingeschlossen. Damals wohnten noch viele Menschen in Kleingartenlauben und Behelfsheimen; sie hatten die Sturmflutwarnungen entweder nicht gehört oder nicht ernst genommen. 222 Wilhelmsburger starben in den verheerenden Fluten. Insgesamt forderte die Katastrophe 340 Tote in Hamburg und der Küstenregion.

Wo der Aßmannkanal in die Ernst-August-Schleuse mündet, genießen heute die Menschen das Leben. Bis ans Wasser reicht dort der beliebte Biergarten des Restaurants »Zum Anleger« (Vogelhüttendeich 123), wo Flammkuchen und Cevapcici vom Grill zu den Longsellern auf der Speisekarte gehören. Wie schon der Name Vogelhüttendeich besagt, ist Hochwasserschutz aus Deichen, Sielen und Schöpfwerken die Lebensversicherung für den 35 Quadratkilometer großen Stadtteil mit seinen rund 54 000 Einwohnern, gut sechzig Prozent von ihnen haben ausländische Wurzeln. Im Stromspaltungsgebiet zwischen Norder- und Süderelbe gelegen, wurden bereits im 14. Jahrhundert die ersten Flächen eingedeicht. In der Mitte des 19. Jahrhunderts erhielt die Flussinsel einen Ringdeich. Er wurde nach der Sturmflut von 1962 erheblich verbessert. Inzwischen ist Wilhelmsburg komplett von einem 24 Kilometer langen Ring aus

8

Hochwasserschutzanlagen umgeben (Deichhöhen zwischen NN + 7,50 m und NN + 8,35 m). Im landwirtschaftlich genutzten Inselsüden dominieren Erddeiche, nördlich und westlich sind es Wände aus Stahl und Beton.

Und dahinter? Pulsiert das Leben! Wilhelmsburg ist quirlig, szenig, jung, türkisch, afrikanisch, multikulturell. Und typisch deutsch, wie es bei den Gebäuden aus der Gründerzeit im Reiherstiegviertel in Stein gemeißelt ist – zu erkunden mit dem Metrobus 13 (Haltestelle Stübenplatz). Oder bodenständig wie die 1875 erbaute Windmühle Johanna. Das traditionelle Wahrzeichen Wilhelmsburgs ist bei Hochzeitspaaren beliebt (Standesamt Hamburg-Mitte) und dient auch als Wahllokal. Die »Wilde 13« fährt freilich nicht dorthin, sondern die Buslinie 154. Mit dem »Sprung über die Elbe« verordnete der Hamburger Senat dem für lange Zeit abgehängten Stadtteil eine Frischzellenkur. Treiber der modernen Stadtentwicklung zur »Neuen Mitte Wilhelmsburg« waren die Internationale Bauausstellung und die Internationale Gartenschau 2013. Um mehr Wohnungen zu bauen, verlegten die Stadtplaner die Wilhelmsburger Reichsstraße kurzerhand um vierhundert Meter nach Osten Richtung Bahngleise.

Das neue Wilhelmsburg strahlt mit viel Grün bereits im Inselpark (Spielplätze, wild wachsende Bäume, »Sansibar-Felsen«, ein Garten mit Dunst und Nebel; alles am S-Bahnhof) und außerdem mit nachhaltig konzipierten Gebäuden. So hat die Behörde für Umwelt, Klima, Energie und Agrarwirtschaft (BUKEA) seit 2013 ihren Sitz in einem der modernsten Bürobauten der Stadt (Neuenfelder Straße). Das Gebäude erreicht den KW70-Standard, das heißt, es verbraucht pro Quadratmeter nur siebzig Kilowattstunden Primärenergie im Jahr. Bei ungedämmten Häusern sind es bis zur dreihundert.

GUT ZU WISSEN

Wenn das keine Vaterliebe ist: Um seiner Tochter Sophie-Dorothea – sie wird als »lebhaft und von großem Reiz« beschrieben – ansehnliches Eigentum zu verschaffen, erwarb Herzog Georg Wilhelm von Braunschweig-Lüneburg-Celle 1672 vom Adelsgeschlecht der Groten Gebiete der Elbinseln in Stillhorn und Georgswerder, ließ sie mit Reiherstieg-Rotehaus eindeichen – und nannte das Territorium »Wilhelmsburg«. Töchterchen Sophie-Dorothea wurde Gräfin von Wilhelmsburg.

FAUNA UND FLORA

Eine schier undurchdringliche Wildnis prägt den Südosten Wilhelmsburgs.

Fernab von Industrie, Hafen und Wohngebieten dehnt sich an der Tideelbe ein Schilfgürtel mit Weiden aus, in dem Rohrsänger und Rohrammer leben. Im Sommer zeigen die Sumpfschwertlilien ihr strahlendes Gelb, und der Schierlings-Wasserfenchel kommt im Juli an einem Priel zur Blüte. Das urwaldähnliche, drei Kilometer lange Naturschutzgebiet Heuckenlock (Finkenriek 80), das für Besucher eingeschränkt zugänglich ist, wird rund einhundertmal im Jahr von der Flut überspült.

Wilhelmsburger Wahrzeichen: Windmühle Johanna

HIGHLIGHTS

1 Der 42 Meter hohe **ENERGIEBUNKER** (Neuhöfer Straße 7) steht als Relikt aus der Zeit des Zweiten Weltkriegs (ehemals Flakbunker) betongrau in Wilhelmsburg. Inzwischen wurde er zum regenerativen Kraftwerk mit Großwärmespeicher ausgebaut. Vom Energiebunker, der Aussichtsplattform und dem Café kann man weit über die Elbinsel blicken.

2 **NORDWANDHALLE** (Inselpark 20) statt Alpen: Auf einer Wandfläche von 4500 Quadratmetern gibt es hier mehr als 320 Kletterrouten. Höhe: maximal 17 Meter. Das Restaurant »Refugium« ist auch bei Nicht-Kletterern beliebt (Pizza, Pasta).

3 In der **HONIGFABRIK** (Industriestraße 125–131) dreht sich alles um Kunst, Kultur und Kommunikation. Ehemals wurden medizinische Öle und Fette hergestellt, später Honig. Heute stehen Konzerte, Ausstellungen, Lesungen, Vorträge auf dem Programm.

4 Der einhundert Hektar große **INSELPARK** lädt als Naherholungsfläche zum Spazieren, Verweilen, Spielen und Staunen ein (u.a. Aqua-Soccer-Becken, Sport- und Spiellandschaft, Gärten, Kiosk Willi Villa).

WEITERE INFORMATIONEN

→ Fähren www.hadag.de
→ Biergarten www.zum-anleger.de
→ Inselpark www.inselpark.hamburg.de

9 AUBERG-DROMMEL

Binsen, Reet und Apfelbäume

53° 63′ 40″ N, 9° 55′ 40″ O	265 ha	3,5 km	700 m	nicht zugänglich	×	×	×

9

ENTERN UND ANKERN

Die Unterelbe ist ein Strom der Gegensätze, und das gilt nicht nur für Ebbe und Flut. So wird auf der Höhe von Stade das linke Elbufer vom stillgelegten Kernkraftwerk, den Seehafenanlagen und den Chemiebetrieben auf dem Bützflether Sand geprägt. Viel Industrie, wenig Romantik. Am rechten Ufer dagegen: die Haseldorfer Marsch mit den kleinen Dörfern an der Binnenelbe. Und genau dazwischen: die Elbinsel Auberg-Drommel.

Wer sich diese Insel genauer ansehen möchte, der braucht ein Boot. Wenn man elbabwärts fährt, trifft man bei Stromkilometer 653 auf das frühere Leuchtfeuer Juelssand (heute in Privatbesitz). Dort dreht man ab nach steuerbord (biegt also rechts ab) und durchfährt das Dwarsloch. An dessen Ende folgt man nicht der gewundenen Zufahrt in den Haseldorfer Hafen, sondern fährt auf der Binnenelbe elbabwärts. Auberg-Drommel liegt dann an der Backbordseite, also links. Und man selbst befindet sich mitten im Naturschutzgebiet »Haseldorfer Binnenelbe mit Elbvorland«, was bedeutet: Die Inseln dürfen nicht betreten werden, und Tiere haben immer Vortritt, egal ob von back- oder steuerbord. Auf jeden Fall dürfen sie nicht gestört werden, also bitte runter vom Gas und Abstand halten.

Auf der Insel selbst würde man übrigens gar nicht weit kommen: Sie ist von Gräben und Prielen durchzogen und dicht mit Weidengebüsch und Röhricht bewachsen. Zum Glück gibt es einen viel bequemeren Weg, Auberg-Drommel zu entdecken: einen Spaziergang auf dem Deich zwischen dem Haseldorfer Hafen und der Pinnaumündung. Von dort hat man einen weiten Blick auf die Binnenelbe mit ihren Inseln und Wattflächen, bis hin zur Industriekulisse auf der anderen Elbseite. Fernglas nicht vergessen!

Und wie kommt man hin? Zum Beispiel per Bus zum Haseldorfer Hafen: Stündlich fährt die Linie 589 ab Wedel, Ausstieg an der Haltestelle Scholenfleth, ab da 10 bis 15 Minuten Fußweg. Mit dem Fahrrad kann man immer an der Elbe entlangfahren, einfach dem ausgeschilderten Elberadweg folgen. Am Haseldorfer Hafen starten auch die Ausflugsfahrten des Flachbodenschiffs Tidenkieker. Wer dort sein eigenes Boot zu Wasser lassen möchte, muss beim Hafenmeister eine Nutzungsgebühr entrichten.

INSELBLICK

Kaum zu glauben, aber die Binnenelbe war früher der Hauptstrom der Elbe. Irgendwann verlagerte der sich aber auf die andere Seite der damals noch einzelnen Inseln Auberg und

9

Drommel. Die Fließgeschwindigkeit in der heutigen Binnenelbe verlangsamte sich, wodurch sich vermehrt Sand und Schlick ablagerten. Auberg und Drommel wuchsen dadurch zu einer Doppelinsel zusammen. Außerdem bildeten sich immer neue Wattflächen, auf denen Binsen und Schilf wurzeln und wachsen konnten. In den 1950er Jahren wurde dann durch Sandaufspülungen der Norden von Auberg auch noch mit dem angrenzenden Bishorster Sand verbunden.

Die Bewohner der benachbarten »H-Dörfer« Haseldorf, Haselau und Hetlingen fingen früh an, die Inseln zu nutzen und umzugestalten. Sie schnitten neben Reet (zum Dachdecken) auch Binsen, aus denen Sitzflächen für Stühle und Hocker geflochten wurden. Ab 1912 wurden Korbweiden angebaut, deren Holz von Bandreißern zur Herstellung von Butterfassreifen genutzt wurde. Später wurden auch Apfelbäume gepflanzt, zur Entwässerung Gräben ausgehoben.

Ab 1960 verlor das Bandreißer-Handwerk an Bedeutung. Doch die Binsenernte ging weiter, denn die Haseldorfer Binsen hatten eine so gute Qualität, dass sie als »Mercedes unter den Binsen« galten und weltweit gefragt waren. Der Vater von Annegret Hamster aus Haseldorf betrieb die Binsenernte seit 1962. Sie selbst und ihr Mann Peter führten die Tradition fort, erst 2012 gingen ihre Söhne zum letzten Mal in die Binsen. Inzwischen war die Menge deutlich eingebrochen, und die Qualität der Binsen hatte sich verschlechtert. Schuld daran sind u.a. die vermehrten Sandablagerungen als Folge der Elbvertiefungen: Auf sandigen Böden gedeihen die Binsen nicht so gut, sie brauchen weiches, schlickiges Watt. Das gilt übrigens auch für unzählige Organismen wie Würmer, Rädertierchen und Muscheln, die im Watt leben. Im Sandwatt kommen viel weniger von ihnen vor. Und damit schwindet auch die Nahrungsgrundlage vieler Vögel.

GUT ZU WISSEN

Jedes Jahr im April wird auf einer Wiese bei Hetlingen das Schachblumenfest gefeiert. Dort blühen zu der Zeit Zigtausende dieser geschützten und sonst sehr seltenen Lilienart. Auch ein Besuch der anderen H-Dörfer lohnt sich: In Haseldorf und Haselau gibt es diverse Hofläden und -cafés, am Haseldorfer Hafen steht die Fischbude »Röökerkist«.

FAUNA UND FLORA

Vor allem bei Niedrigwasser kann man vom Deich aus viele Tiere beobachten, ohne sie zu stören: Häufig liegen dann Seehunde am Ufer vom Bishorster

Sand, außerdem suchen unterschiedliche Wasservögel wie Brandgänse, Krickenten, Große Brachvögel, Säbelschnäbler und Rotschenkel im Watt nach Nahrung. Rohrweihen fliegen über den Schilfgebieten, in denen neben Blaukehlchen und Rohrsängern auch die seltenen Bart- und Beutelmeisen nisten. Und wer früh unterwegs ist, kann mit viel Glück vielleicht sogar auf Biber treffen, von denen schon welche in der Binnenelbe gesehen wurden. Auf der anderen Elbseite, ausgerechnet auf dem Bützflether Dow-Gelände, sollen einige von ihnen wohnen.

Morgenstimmung auf der Haseldorfer Binnenelbe

HIGHLIGHTS

1 In der **HASELDORFER BANDREISSERKATE** werden die Traditionen der Binsenschneider und Bandreißer bewahrt und vermittelt.

2 Infos über Natur und Landschaft, interaktive Ausstellung, interessantes Außengelände, vielfältige Veranstaltungen: Das alles und noch viel mehr findet man im **HASELDORFER ELBMARSCHENHAUS**.

3 Das **NABU-NATURZENTRUM SCHOLENFLETH** bietet eine Ausstellung über die Tier- und Pflanzenwelt im Naturschutzgebiet »Haseldorfer Binnenelbe mit Elbvorland«. Auf dem dazugehörigen Gelände gibt es ein Insektenhotel, einen Schmetterlingsgarten mit Kräuterbeet und ein Weidentipi mit Weidentunnel.

4 Am Haseldorfer Hafen, gleich hinter dem Deich, liegt der **OBSTGARTEN ALTER SORTEN**. Zwei Hektar Fläche, fünfhundert Obstbäume, etwa 180 verschiedene Sorten – das ist ein Rekord, nämlich die größte öffentlich zugängliche Sammlung alter Obstsorten in Deutschland. Im Herbst darf man pro Person bis zu zehn Kilo Obst ernten.

WEITERE INFORMATIONEN

→ Kulturverein Haseldorfer Marsch e.V. www.kulturvereinhaseldorfermarsch.de

→ Elbmarschenhaus www.elbmarschenhaus.de

HAHNÖFERSAND

Die Gefängnisinsel

53° 32′ 51″ N, 9° 43′ 13″ O	1,6 km²	ca. 1100 m	ca. 700 m	bis zu 230 Häftlinge	✕	✕	✕

ENTERN UND ANKERN

Eine Gefängnisinsel möchte man nun wirklich nicht hinter Gittern erleben. Und so bleibt der interessierte Besucher vor dem Strahldraht stehen und schaut auf ein terra incognita. ÖPNV: Mit der Buslinie 150 ab Hamburg-Altona bis zur Haltestelle Cranzer Elbdeich. Die Justizvollzugsanstalt (JVA) ist von der Haltestelle rund 2,5 Kilometer entfernt. Mit dem Auto: A 7, Abfahrt Waltershof, Richtung Finkenwerder und Cranz (Navi: Hinterbrack 25, Jork). Dort gibt es vor dem Deich einen kleinen, kostenlosen Parkplatz.

INSELBLICK

Zwei Möwen fliegen kreischend von der Borsteler Binnenelbe im Alten Land über Stacheldraht und Postenhaus. Die Vögel sind frei, die Insassen dahinter aber nicht. »Achtung Anstaltsgelände! Unbefugten ist das Betreten strengstens verboten«, steht auf dem Schild. Keine Elbinsel wird so gut bewacht wie Hahnöfersand in der Unterelbe, nicht weit von Neßsand und Hanskalbsand entfernt. Gut die Hälfte der 1,6 Quadratkilometer großen Insel, die in Niedersachsen liegt, nimmt die Justizvollzugsanstalt »JVA Hsand« ein. Sie steht unter der Verwaltung der Hamburger Justizbehörde. Der restliche Teil ist seit 2008 Naturschutzgebiet. Die Haftanstalt gliedert sich in drei Bereiche: Jugendvollzug, Frauenvollzug (seit 1997) und Jugendarrest. Für alle Strafarten stehen rund 230 Plätze zur Verfügung. Der Gefängniskomplex besteht aus 38 Gebäuden. Die JVA zählt rund 180 Mitarbeitende.
Es muss wohl bei der verheerenden Cäcilienflut im Jahr 1412 mit rund 30 000 Toten gewesen sein, als die heutige Insel abrupt vom Festland getrennt wurde. Seitdem fließen die Stromelbe und die Borsteler Binnenelbe an ihr vorbei, und womöglich geht der Name auf diese Naturkatastrophe zurück. Bei jener Sturmflut soll, so die Legende, nur noch der Wetterhahn auf der Kirchturmspitze aus dem mit Sand aufgeschwemmten Wasser herausgeragt haben (Hahn öfer Sand). 1902 zahlte der Hamburger Senat für den Erwerb der Insel rund 250 000 Reichsmark an die Preußen. Anfangs diente sie als Lagerstätte für den aus der Elbe gebaggerten Sand. Deshalb hat Hahnöfersand noch heute ein um etwa acht Meter höheres Niveau als das Alte Land. 1913 kamen die ersten Gefangenen auf die Marschinsel. Im Ersten Weltkrieg folgten Hunderte russische Kriegsgefangene. Sie mussten Hahnöfersand bewohnbar machen. 77 von ihnen starben an den Folgen von Ruhr- und Skorbut-Erkrankungen.
Sie sind auf einem Soldatenfriedhof bestattet, ein stiller, leiser, gepflegter

10

Ort, der zuweilen von russischen Konsulatsmitarbeitern besucht wird, wie es bei der JVA-Leitung heißt. 1920 eröffnete Hamburg auf Hahnöfersand eine Jugendstrafanstalt, später entstanden Flutschutzmauern und ein Bauernhof, den inzwischen ein Bauer als Mitarbeiter der Hamburger Justizbehörde bewirtschaftet – und nicht mehr die Häftlinge. Weil die Gebäude stark renovierungsbedürftig sind und nicht mehr den Standards entsprechen, wird die »JVA Hsand« spätestens bis zum Jahr 2027 aufgegeben und durch die größere JVA Hamburg-Billwerder am Dweerlandweg ersetzt. Während Hamburg auf Hahnhöfersand danach Ausgleichsflächen für Bauprojekte realisieren möchte, gibt es im Alten Land Pläne für eine touristische Nutzung. Bis zum Jahr 2027 fließt aber noch viel Wasser an der Elbinsel vorbei.

GUT ZU WISSEN

Der Schriftsteller Siegfried Lenz (1926–2014) lässt seinen 1968 erschienenen Roman »Deutschstunde«, eines der wichtigsten Werke der deutschen Nachkriegsliteratur, auch auf Hahnöfersand spielen. Siggi Jepsen, die Hauptfigur, sitzt dort in einer Anstalt für schwer erziehbare Jugendliche ein und muss eine Strafarbeit über die »Freuden der Pflicht« schreiben. Dabei fängt Lenz die natürlichen Stimmungen der Gefängnisinsel zum Beispiel so ein: »[...] schau ich zum Fenster hinaus, fließt da durch mein weiches Spiegelbild die Elbe; mach ich die Augen zu, hört sie nicht auf zu fließen, ganz bedeckt mit bläulich schimmerndem Treibeis.« Der Roman wurde 2019 von Christian Schwochow verfilmt.

FAUNA UND FLORA

Wie es beim Naturschutzamt im Landkreis Stade heißt, finden seit 2002 regelmäßig vogelkundliche Bestandsaufnahmen statt. Die Wattflächen vor Hahnöfersand sind ein wichtiges Rastgebiet für Zugvögel wie Krickenten und Brandgänse. Auch Graugänse und Schnatterenten finden dort Ruhe und Nahrung. Die Entwicklung der Löffelenten-Population bereitet den Naturschützern allerdings Sorge, obwohl infolge des teilzugeschütteten Mühlenberger Lochs Süßwasserschlickwatten geschaffen wurden. Denn die Löffelenten nehmen dieses neue Biotop nicht in erhofftem Maß an. Im tidebeeinflussten Bereich der Wattflächen konnten 147 Pflanzenarten nachgewiesen werden, darunter der Schierlings-Wasserfenchel und die Wibels-Schmiele. In der Elbe vor Hahnöfersand schwimmen seltenere Fischarten wie Quappe, Zope und Schnäpel. Hahnhöfersand ist Laichgebiet für Finte (aus der Ordnung der Heringsartigen, auch Elben genannt) und Rapfen (aus der Familie der Karpfenfische).

Hinter Gittern: »JVA HSand«

HIGHLIGHTS

1 BUXTEHUDE ist Schauplatz des Wettlaufs zwischen Hase und Igel. 1840 veröffentlichte Wilhelm Schröder im »Hannoverschen Volksblatt« das Märchen erstmals. Der Igel gewinnt das Rennen unter Einsatz seiner Frau als Double (»Ick bün all dor«), während der Hase an Erschöpfung stirbt. Buxtehude, die Märchenstadt, verzaubert mit ihren historischen Fachwerkhäusern und schmalen Gassen. Im Ratskeller (Breite Straße 2) können die Gäste schlemmen (Hase & Igel-Pfanne mit Rumpsteak und Scholle »Finkenwerder Art«).

2 LÜHESAND liegt wie Hahnöfersand auf niedersächsischem Gebiet. Die Insel mit den höchsten Freileitungsmasten Europas ist fest in der Hand der Camper, lohnt aber eine Tagestour. Der Fähranleger Lühesand ist mit dem Auto gut zwanzig Minuten von Hahnöfersand entfernt.

3 In **JORK** gibt es zwei Wohnmobilstellplätze zum Parken und Übernachten. Der eine befindet sich in der Yachthafenstraße (ganzjährig, zwanzig Plätze), der andere Am Fleet (ebenfalls ganzjährig, fünfzig Plätze).

WEITERE INFORMATIONEN

→ Justizvollzugsanstalt Hahnöfersand www.hamburg.de/bjv/justizvollzugsanstalten/166202/justizvollzugsanstalt-hahnoefersand
→ Restaurant »Ratskeller Buxtehude«, auch mit Lieferservice https://ratskeller-buxtehude.de
→ Infos der Gemeinde Jork mit Hinweisen zu Wohnmobilstellplätzen www.jork.de

11 HANSKALBSAND

Schilf und Weiden am Hanskalbsander Priel

Koordinaten	Fläche	Länge	Breite	Zugang	Unterkunft	Gastronomie	Hunde
53° 55′ 90″ N, 9° 68′ 30″ O	98 ha	4 km	700 m	nicht zugänglich	×	×	×

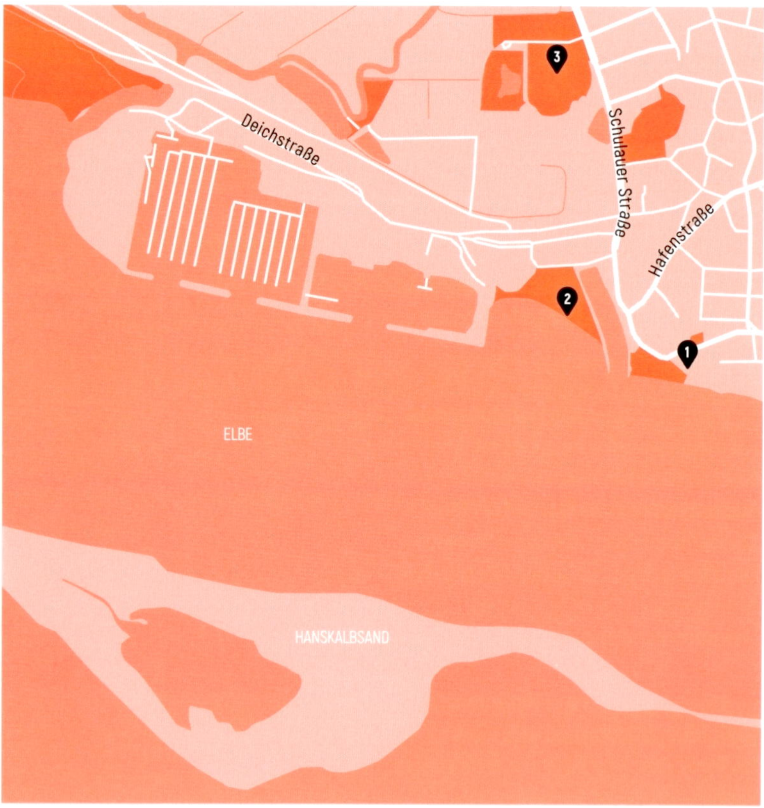

11

ENTERN UND ANKERN

Hanskalbsand liegt gegenüber von Wedel, gleich westlich von Neßsand. Die ruhige Nebenelbe auf der Südseite der Insel ist ein beliebter Ankerplatz, hier treffen sich auch die Boote des Oevelgönner Museumshafens zu ihrem alljährlichen Sommerfest. Sogar der große Schwimmkran war schon einmal dabei. Doch das Betreten der Insel ist inzwischen verboten: Seit 2018 gehört Hanskalbsand zum Naturschutzgebiet »Elbe und Inseln«. Inwieweit Wasserwanderern das Anlanden am Nordwestufer erlaubt bleibt, wird derzeit noch verhandelt. Weiterhin möglich ist die »Hansirunde«, die Hausrunde der Kajakfahrer vom »Ring der Einzelpaddler«: Von ihrem Bootshaus am Falkensteiner Ufer geht es bis zur Westspitze von Hanskalbsand und dann durch die Hahnöfer Nebenelbe wieder zurück. 19 Kilometer sind das, und wer die Tour klug plant, kann dank Ebbe und Flut auf der gesamten Strecke mit der Strömung fahren. Aber Vorsicht: Die Elbe ist kein Paddelgewässer für Anfänger!

Trockenen Fußes erreicht man Wedel am besten mit der S-Bahn (S1), ab Bahnhof diverse Buslinien, z.B. Bus 189 Richtung Blankenese, Ausstieg an der Elbstraße (Willkomm-Höft). Dort kann man auf eine Fähre umsteigen und zumindest an Hanskalbsand vorbeischippern (Fährlinien Lühe – Schulau und Stadersand – Wedel – Hamburger Fischmarkt).

INSELBLICK

Die Geschichte von Hanskalbsand ist typisch für eine Elbinsel: Die Gezeiten und die Menschen lassen sie einfach nicht in Ruhe. Ständig wurde vergrößert, befestigt, erodiert und aufgespült. Früher war Hanskalbsand eine einzelne Insel, bis sie in den 1970er Jahren durch Sandaufspülungen mit Schweinesand und Neßsand verbunden wurde. Damals legte man an der breitesten Stelle der Insel einen Binnensee an. Dessen Ufer brach im Jahr 2000 bei einer Sturmflut, wobei ein Priel zur Nebenelbe entstand. Dieser Priel erweiterte sich und musste befestigt werden.

Normalerweise wird so etwas an der Elbe mit Steinen gemacht. Doch nicht in diesem Fall: Der zuständige Wasserbauer vom WSA-Außenbezirk Wedel erinnerte sich daran, dass schon in den 1990er Jahren Versuche mit einer »biologisch-technischen Ufersicherung« gemacht worden waren. Eine wichtige Rolle spielen dabei Weiden, die man in unterschiedlichster Form einsetzen kann. Auf Hanskalbsand wurde nun diese naturnahe Technik ausprobiert, erforscht und immer weiter perfekti-

11 oniert. Als besonders effektiv hat sich dabei eine Methode herausgestellt, die den Einsatz von Weidenbündeln (»Faschinenwalzen«) mit Weidenmatten (»Spreitlagen«) und Weidenstecklingen kombiniert. Inzwischen kommen Wasserbauer aus ganz Europa, um sich dieses Erfolgsmodell vor Ort anzusehen. Und sich wahrscheinlich gleich ein paar Stecklinge mitzunehmen.

Aber auch ganz andere Menschen zieht es nach Hanskalbsand. In der waldigen Inselmitte und an einigen Uferbereichen haben sie Hütten errichtet und Baumhäuser. Eine Mischung aus Schrebergartenkolonie und Bauspielplatz, mit Plumpsklo und Deutschlandflagge. Lange wurde das toleriert, aber nun ist die Insel Naturschutzgebiet, und die Menschen werden weichen müssen. Nur die Leute vom Wedeler WSA-Bauhof werden weiterhin kommen, um Weiden zu schneiden, zu bündeln und zu pflanzen.

GUT ZU WISSEN

Wer hätte das gedacht: Der »Hamburger Yachthafen«, der gar nicht in Hamburg liegt, sondern in Wedel, ist gleich zweifacher Rekordhalter. Denn er ist erstens der größte Sportboothafen der Region und zweitens ein Hotspot des Vogelzugs. Seit über zwanzig Jahren treffen sich im Herbst jeden Morgen engagierte (Hobby-) Ornithologen auf der westlichen Mole, um die durchziehenden Vögel zu erfassen. Denn genau hier queren verschiedene Zugrouten den Fluss. Viele Kleinvögel meiden das Überfliegen breiter, offener Wasserflächen. Hier können sie auf dem Flug über die Elbe den Westen von Hanskalbsand als Trittstein nutzen.

FAUNA UND FLORA

Wie ist das Eichhörnchen auf die Insel gekommen? Ist es an einem klirrendkalten Wintertag über das Eis der Nebenelbe gelaufen? Ist es auf einem abgebrochenen Ast sitzend angeschwemmt worden? Ist es aus den Fängen eines überfliegenden Uhus oder Habichts gerutscht, weich gefallen und noch einmal davongekommen? Der Mitarbeiter des WSA Wedel schwört jedenfalls Stein und Bein: Da war ein Eichhörnchen. Und er und seine Kollegen kennen sich aus. Auf Hanskalbsand treffen sie Rehe, Nutrias und Marderhunde, finden die Spuren von Fuchs, Dachs und Wildschwein und können selbstverständlich die benachbarten Seeadler vom hiesigen Mäusebussard unterscheiden. Sie beobachten die Ausbreitung der Kiefern rund um ihre Warft und sie wissen, dass der Bambus der Laubenpieper nichts auf einer Elbinsel zu suchen hat. Dafür aber Silberweiden und Korbweiden. Kopfweiden, Weidenreiser und Weidenpfähle. Und der seltene Schierlings-Wasserfenchel natürlich, auch wenn sie den hier einfach »Petersilie« nennen.

Schilf und Weiden am Hanskalbsander Priel

HIGHLIGHTS

1 An der Elbe sagt man nicht nur Tschüss, sondern auch »Willkommen in Hamburg!«. Denn am Wedeler **WILLKOMM-HÖFT** kommt kein dicker Pott vorbei, ohne anständig begrüßt zu werden. Es folgt die Nationalhymne des Heimathafens. Die wird in den seltensten Fällen zu der Nationalität ihrer Besatzung passen, arbeiten auf den Schiffen doch vor allem Seeleute aus China, den Philippinen und Indonesien, während zu den häufigsten Flaggen die von Liberia, Malta, Zypern und Panama gehören. Trotzdem: Ein sehr netter und weltweit einzigartiger Brauch. Die Begrüßungskapitäne liefern den Shipspottern im Restaurant Schulauer Fährhaus, im Biergarten und auf dem Ponton außerdem Infos über Größe, Ziel und Ladung der Schiffe. Und zum Abschied heißt es dann doch nicht Tschüs, sondern »Gute Reise!«.

2 **STRANDBAD WEDEL**: Beachclub mit Strandbar. Am Strand sitzen und chillen. Essen kann man auch im Bistro »elbe1« am Strandbaddamm oder im Restaurant »Die neue Tonne 122« auf dem Gelände des Wedeler Yachthafens.

3 Die **BADEBUCHT**: Sport-, Erlebnis- und Freibad, Sauna, Wellness und Gastronomie.

WEITERE INFORMATIONEN

→ Zugvögel www.ornithologie-hamburg.de/zugvoegel
→ Kleine Schiffe www.hamburger-yachthafen.de
→ Große Schiffe www.hamburg.de/schiffsradar

12

KRAUTSAND

Eine Insel kuschelt mit dem Festland

53° 45′ 20″ N, 9° 22′ 12″ O	24 km²	3,6 km	9,4 km	rd. 500	✓	✓	✓

12

ENTERN UND ANKERN

Von Hamburg geht's mit dem Auto auf die B 73 Richtung Stade/Cuxhaven. Es scheint, als würde die Fahrt nie enden, bis nach Agathenburg der Hinweis auf die L 111 Richtung Drochtersen folgt. Von der Ortsmitte aus führt die Straße nach Krautsand (Landkreis Stade). Auch die Anreise per Schiff ist möglich: Die Reederei Elbe Erlebnistörns bietet zu ausgewählten Terminen jeweils dreistündige Schiffsfahrten von den St. Pauli-Landungsbrücken in Hamburg an – mit zwei Stunden Aufenthalt auf Krautsand. Der Tidenkieker (Verein zur Förderung von Naturerlebnissen) bietet ab Stade Krautsand-Törns an. Länger dauert es mit dem ÖPNV ab Hamburg: S-Bahn nach Stade, Sammeltaxi nach Drochtersen, Bus 2073 nach Krautsand (Oberfeuer).

INSELBLICK

Ja, wo ist sie denn – die Insel? Wer auf die Kehdinger Landkarte guckt, bekommt Zweifel. Vor Jahrhunderten, keine Frage, befand sich Krautsand mitten im Strom. Doch dann verlandete das Flachwasser immer mehr, und die krautige (reich mit Grün bewachsene) Insel kuschelte sich ans Festland. Bildhauer Jonas Kötz muss es wissen. Der Künstler ist mit seinen Knollennasenmännern Insel-Promi. Er sagt: »Es geht Wasser rum«, also sei Krautsand eine Insel, mit 2400 Hektar so groß wie Norderney. Tatsächlich umschließen die Wischhafener Süderelbe, der Ruthenstrom sowie die Krautsander Binnenelbe das Eiland, durch das sich ein weitverzweigtes Grabensystem zieht. Wasser genug – und zwei Brücken, eine zum Hochklappen, dazu.

Dann ist man am Ziel, erklimmt den Deich und springt nicht weit vom Wohnmobil-Stellplatz (Drochtersen, Elbinsel Krautsand 28) ins Flachwasser der Elbe. Die Füße berühren glucksend glitschigen Schlick, bevor das auflaufende Wasser die Knöchel umspült. Die Blicke gehen ins Weite: Elbabwärts der Schiffsanleger, elbaufwärts der insgesamt vier Kilometer lange feine Sandstrand und geradeaus: der drei Kilometer breite Fluss mit den dicken Pötten. Wer den Trubel am Schiffsanleger mit Beach-Bar und DLRG-Station meiden möchte, findet am langen Strand stets ein ruhiges Plätzchen.

Seit dem 17. Jahrhundert besiedeln Bauern das grüne Marschenland, Auge in Auge mit den Sturmfluten. Ihre Hofanlagen bauten sie erhöht auf Wurten. Fünfzig Jahre nach der ersten Besiedelung hatten die Krautsander aber noch keine eigene Kirche. Stattdessen mussten sie sich bei Wind und Wetter auf den gefährlichen Weg über

12

die damals noch breite Süderelbe ins Gotteshaus nach Drochtersen machen. Wer das nicht konnte, wartete lange auf einen Geistlichen. Viele Kranke starben deshalb ohne kirchlichen Segen, Leichen verwesten in den Häusern, Neugeborene blieben ungetauft. Krautsand, das heute zur niedersächsischen Gemeinde Drochtersen gehört, stand im 17. Jahrhundert zeitweise unter dänischer Herrschaft. Und so richteten die Bauern am 11. April 1678 ein Gesuch an den dänischen König, ein Gotteshaus bauen zu dürfen. Mit Erfolg. 1680 wurde die Fachwerkkirche mit dem Reetdach an jenem Ort gebaut, wo sich auch die heutige Kirche befindet (Drochtersen, Elbinsel Krautsand 70). Die spätklassizistische Kirche mit dem freistehenden Glockenturm stammt aus dem Jahr 1846. Sie ist bei Hochzeitspaaren beliebt.

ESSEN UND TRINKEN

Wer feine Küche bevorzugt, ist im Elbstrand Resort (Drochtersen, Elbstraße 1) mit seinem Restaurant »Sandbank« genau richtig. Das Team serviert kulinarische Köstlichkeiten mal rustikal, mal hanseatisch oder modern. Gern auch saisonal wie Glückstädter Matjes auf Schwarzbrot mit Roten Zwiebeln und Krautsander Pannfisch mit Roten Beten. Ansonsten gibt es in der Region zahlreiche Bistros und Restaurants, so dass für jeden Geschmack etwas dabei ist.

GUT ZU WISSEN

Am 4. Oktober 1912 kollidierte vor Krautsand eine Schwimmdockfähre mit dem Frachtdampfer »Vandalia«. Er befand sich auf dem Weg nach Brasilien. Zwei Menschen starben. Ende der 1970er Jahre konnte das Wrack geborgen werden. Bekanntester Sohn Krautsands ist der Ethnologe und Australienforscher Erhard Eylmann (1860–1926). International bekannt wurde der Bauernsohn mit seinem Hauptwerk »Die Eingeborenen der Kolonie Südaustralien« (1908). Darin schildet er Physiognomie, Sprache, Riten, Handwerk und Jagd der indigenen Bevölkerung.

FAUNA UND FLORA

Auf Krautsand kommen nach NABU-Angaben mehr als 150 gefährdete Arten vor, darunter sind Neunauge und Aal, Kiebitz und Uferschnepfe. In Marschengrünländereien brüten und rasten Gänse, Brachvögel, Goldregenpfeifer und andere Zugvögel. Doch die Sturmflutschutzanlagen (Deiche, Sperrwerke, Abdämmungen) verändern die Lebensräume: Neunzig Prozent der natürlichen Überflutungsflächen sind verloren, Elbnebenarme und Zuflüsse abgetrennt, und die Fahrrinne der Elbe wurde für die Schifffahrt mehrfach vertieft. Das Naturschutzgroßprojekt »Krautsand« (Trägerin: Umweltschutzorganisation WWF, Kooperationspartner: NABU-Stiftung Nationales Naturerbe) plant nun den Rückbau von Uferbefestigungen und die teilweise Wiederanbindung an die Tide.

Krautsand: Vier Kilometer langer Sandstrand

HIGHLIGHTS

1 Maritime Wahrzeichen Krautsands sind das **OBERFEUER** (rot-weiß gestreifter, sechseckiger, 35 Meter hoher Gitterturm aus dem Jahr 1908 am Leuchtturmweg) und das **UNTERFEUER** (runder, rot-weißer, glasfaserverstärkter Turm von 1978) in der Nähe des Schiffsanlegers.

2 **ELBFÄHRE WISCHHAFEN** (Glückstädter Straße, Wischhafen): Hier heißt es: Fährmann, hol über! In gut dreißig Minuten sind die Fahrgäste samt Fahrzeugen auf der anderen Elbseite in Glückstadt.

3 Die **MOORKIEKERBAHN** (Drochtersen, Aschhorn 11) lädt von April bis Oktober zu Fahrten durch das vierzig Quadratkilometer große Kehdinger Moor ein. Einst wurde Torf abgebaut.

4 Restauriert liegt der 1895 gebaute **ELB-EWER CATHARINA** als Wahrzeichen im stillgelegten Hafen von Krautsand.

CAMPING

Nur einhundert Meter vom Elbufer entfernt erstreckt sich der Campingplatz Krautsand (Elbinsel Krautsand 58) auf einer Fläche von 18 000 Quadratmetern. Genug Platz für sechzig Dauercamper und vierzig Touristencamper. Außerdem gibt es einen Wohnmobil-Stellplatz (Elbinsel Krautsand 28).

WEITERE INFORMATIONEN

- → Angebote von Gastgebern und Gastronomie www.tourismus-kehdingen.de
- → Schiffsanreise ab Hamburg, St. Pauli www.elbe-erlebnistoerns.de
- → Fahrt mit dem Flachboot »Tidenkieker« ab Stade www.verein-naturerlebnisse.de

13

LÜHESAND
Das Camper-Paradies

Koordinaten	Fläche	Breite	Länge	Personen	Unterkunft	Gastronomie	Hunde
53° 35′ 33″ N, 9° 35′ 24″ O	124 ha	550 m	3,4 km	ca. 60 (Camper)	✓	✓	✓

ENTERN UND ANKERN

Diese Tour ins Alte Land sollte sorgfältig geplant werden, denn viele Besucher verwechseln den Schiffsanleger. Mit dem Auto oder dem Fahrrad: Grünendeich, Sandhörn 6. Hier befindet sich der Kiosk »Treffpunkt Sandhörn« mit dem Parkplatz. Um dorthin zu gelangen, immer in Sichtweite der riesigen Strommasten fahren. Beim Kiosk-Pächter ist eine Parkgebühr zu bezahlen. Von dort aus über den Deich gehen, dahinter befindet sich der Fähranleger Sandhörn (nicht zu verwechseln mit dem gut 4,5 Kilometer entfernten Lüheanleger). Eine kleine Fähre bringt die Besucher in vier Minuten über die Lühesander Nebenelbe nach Lühesand. Mit dem Bus: Linie 2357 von Stade nach Cranz bis zum Gasthaus »Zur Linde« in Bachenbrock oder Wetterndorf Schleuse. Dann per pedes zum Fähranleger Sandhörn.

INSELBLICK

Fährmann, hol über – und schon beginnen entspannte Stunden auf dieser Elbinsel. Am Ruder des Elbkahns »Smutje« steht sonnengebräunt und windgegerbt Fährmann und Unternehmer Holger Blohm. Eine frische Brise weht über den Fluss. Nach gut vier Minuten und 350 Metern hat Blohm, zugleich Pächter des Campingplatzes in dritter Generation, die Gäste ans Ziel gebracht: Lühesand, ein welliges Dünenland.

Das 124 Hektar große Eiland, seit Jahrhunderten aus Elbsand geformt und Auge in Auge mit den vorbeifahrenden großen Pötten gelegen, bietet nicht nur 18 Brutvogelarten und mehreren Dutzend Gallowayrindern, sondern auch rund sechzig Campern einen einzigartigen Lebensraum. Wo andere Menschen viel Geld für Luxusimmobilien an der Elbchaussee bezahlen, kostet das eigene Domizil hier nicht viel: einige Hundert Euro pro Saison für einen Campingwagen-Stellplatz, Blick auf die Elbe inklusive. Bei Schietwetter sogar bis zum Abwinken. Wenn die Herbststürme nahen, müssen die beweglichen Wagen allerdings in Sicherheit gebracht werden. Dann transportiert sie der Fährmann wieder zurück an Land, ein jährliches Abschiedsritual, das selbst hartgesottene Camper immer wieder zu Tränen rührt.

Die Entdeckungstouren auf der 550 Meter breiten und 3,4 Kilometer langen Insel mitten im meistbefahrenen Schiffsrevier Deutschlands sind begrenzt. Aber gerade das macht die Romantik der autofreien Insel aus. Gut die Hälfte der Fläche ist Landschaftsschutzgebiet (im Südosten). Auf jeden Fall gehört ein Besuch des

13

Inselgasthofes dazu. Das Pächterehepaar Gosch – nicht zu verwechseln mit dem Sylter »Fischpapst« – kümmert sich rührend um die Gäste. Longseller auf der Speisekarte: Kibbelinge, frisch frittierte Fischfilets. Für größere private Veranstaltungen kann ein Zelt gemietet werden, bei Bedarf auch zwei Wohnwagen. Nach der Einkehr im Inselgasthaus lohnt ein Spaziergang durch die Campingplatz-Anlage. Jeder Wohnwagen, jedes feste Holzhaus ist so weit vom anderen entfernt, dass der Eindruck eines Touristen-Camps erst gar nicht entsteht. Sogar eine drei Meter hohe Sternwarte, Marke Eigenbau, ragt auf der Insel empor. Ein Ingenieur hat sich hier mit einem leistungsstarken Teleskop fernab von der Lichtverschmutzung der Großstadt einen Lebenstraum erfüllt.

Nicht zu übersehen sind die 189 und 227 Meter hohen Strommasten, die höchsten Freileitungsmasten Europas. Sie überspannen die Elbe. Zwei dieser Masten stehen auf Lühesand. Sie sind Teil der in den 1970er Jahren gebauten »Elbekreuzung 2« und verbinden das Schaltwerk Wilster mit dem Umspannwerk Dollern. Damit die Schiffe auf der Elbe nicht mit den 380-Kilovolt-Stromkabeln kollidieren, befinden sich die Leitungen in einer Höhe von 75 Metern.

GUT ZU WISSEN

Der Mega-Bohrer »Helene« hat es geschafft: Er bahnte im Jahr 2014 dem bis heute längsten und tiefsten Düker den Weg von der nördlichen Elbeseite in Hetlingen (Kreis Pinneberg) bis nach Lühesand und Niedersachsen. Der 1540 Meter lange Düker (Durchmesser: drei Meter) mit Glasfaser-Fernkabeln und zwei Gasleitungen verläuft bis zu zwölf Meter unter dem Flussbett. Er versorgt Hamburg, Schleswig-Holstein und Skandinavien mit Erdgas und sichert die Telekommunikationsverbindung mit Nordeuropa.

FAUNA UND FLORA

Auf dieser Elbinsel, die zum FFH-Gebiet Unterelbe gehört, leben Sturmmöwen, Karmingimpel und Schwarzkopfmöwen, die teilweise auf der benachbarten Pionierinsel brüten. In den Schilfröhrichten finden Zwergtaucher und Beutelmeisen Schutz. Weil die Insel aus Schlickwatt und Sand besteht, dominiert nährstoffarmer Trockenrasen mit Fetthenne und Mauerpfeffer das Land. An den Ufern wachsen kleine Auwälder (Ulmen, Weiden). Weil die gesamte Insel durch Steinaufschüttungen gesichert ist, plant die Stiftung Lebensraum Elbe in Kooperation mit dem Wasser- und

Schifffahrtsamt Hamburg und der Bundesanstalt für Gewässerkunde eine Absenkung auf einer Pilotstrecke von zweihundert Metern. Dort sollen Tideröhrichte und vielleicht auch eines Tages der Schierlings-Wasserfenchel wachsen.

Vom Festland auf die Insel

HIGHLIGHTS

1 **STADE** (rund 47 000 Einwohner) verzaubert mit der historischen Altstadt und ihren gut erhaltenen Fachwerkhäusern aus dem 17. Jahrhundert. Einen Besuch lohnt der Schwedenspeicher von 1705, inzwischen ein Museum.

2 Das **ALTE LAND** rund um Jork ist mit mehr als zehntausend Hektar Europas größtes Obstanbaugebiet. Im Frühjahr blühen zehn Millionen Bäume auf engstem Raum um die Wette. Und im Spätsommer und Frühherbst verkaufen die Obstbauern die Früchte ihrer Arbeit. Neben Äpfeln, Birnen und Kirschen werden auch Aprikosen und Pfirsiche angebaut, allerdings nur auf der vergleichsweise geringen Fläche von zehn Hektar.

3 In **STEINKIRCHEN** (Gotteshaus St. Martini et Nicolai) steht eine weltberühmte, von Arp Schnitger (1658–1719) gebaute Orgel. Für den Bau verwendete der begnadete Orgelbauer Pfeifenmaterial aus dem 16. Jahrhundert. Das Instrument wurde im Verlauf der Jahrhunderte und im Unterschied zu anderen Schnitger-Orgeln kaum verändert.

WEITERE INFORMATIONEN

→ Alle wichtigen Hinweise zu Fähre, Camping, Inselgasthof www.luehesand.de
→ Übernachtungen www.stade-tourismus.de
→ Obsthöfe u.a. www.tourismus-altesland.de

14 NESSSAND

Heimat der Seeadler

53° 32′ 52″ N, 9° 47′ 4″ O	170 ha	4 km	bis ca. 550 km	1 (am Wochenende)	×	×	×

14

ENTERN UND ANKERN

Pech für die meisten Menschen, aber Glück für Wassersportler: Nur sie haben an wenigen Stellen die Möglichkeit, für kurze Zeit auf Neßsand festzumachen. Wasserwanderer können an der Westspitze sowie im Bereich des Radarturms anlanden, um dort eine Pause einzulegen. Der Rest der Insel darf allerdings nicht betreten werden, denn die besondere Tier- und Pflanzenwelt im Naturschutzgebiet (NSG) »Mühlenberger Loch/Neßsand« ist geschützt. Für Interessierte gibt es die Möglichkeit, die Insel am jährlichen »Tag der Stadtnatur« im Rahmen einer Führung zu erkunden. Die Personenfähre zwischen Cranz und Blankenese ermöglicht zumindest im Vorbeifahren eine Außenperspektive.

INSELBLICK

Wer vom Rissener Geesthang auf die Elbe blickt, sieht in achthundert Metern Ferne ein grünes, sandiges Kleinod. Der Hauptstrom und die Hahnöfer Nebenelbe umfließen die 170 Hektar große Insel Neßsand, wo Seeadler brüten, Austernfischer keck durch das Schlickwatt waten und Löffelenten nach Nahrung suchen. Damit Fauna und Flora sich frei entfalten können, muss der Mensch weitgehend draußen bleiben. Die gesamte vier Kilometer lange Insel steht unter Naturschutz – mit Betretungsverbot. Lediglich Segler und Wasserwanderer dürfen an einigen ausgewiesenen Strandabschnitten anlanden und sich im Umkreis von wenigen Metern bewegen. Ein Inselwart achtet darauf, dass sich alle an die Regeln halten. Geschaffen hat allerdings nicht die Natur das Eiland, sondern der Mensch. Als die Nationalsozialisten in der Zeit des Zweiten Weltkriegs das Mühlenberger Loch ausbaggerten, um dort eine Werft für Wasserflugzeuge zu bauen, wurde der anfallende Sand zwischen Schweinesand und Hanskalbsand aufgeschüttet. Später kam Baggergut aus den Elbvertiefungen dazu. Und so wuchs zwischen zwei steinernen Leitdämmen ganz unspektakulär eine künstliche Insel heran, die fest in der Hand der drei Bundesländer Hamburg, Schleswig-Holstein und Niedersachsen ist. Der Mensch ließ die Insel aus Schlick und Sand alsbald begrünen. Ulmen, Pappeln und Weiden wurden gepflanzt. Zur Überwachung des Schiffsverkehrs betreibt die Hamburg Port Authority einen imposanten Radarturm, der inzwischen längst ohne Personal vor Ort auskommt.

Bis zum Jahr 1962 wohnte auf Neßsand der Inselwart Gerhard Japp mit seiner Familie. Als die Sturmflut

14

im Februar 1962 die Elbregion heimsuchte, befand er sich gerade an Land. Mit einem Boot wollte er seine Frau und die beiden Kinder vor den verheerenden Fluten retten. Doch er konnte sie nur noch tot bergen. Heute befindet sich das Haus des Inselwarts, der im Auftrag der Hamburger Umweltbehörde tätig ist, auf einer neun Meter hohen Warft. Sie gilt als sturmflutsicher. Keinen anderen Ort in Hamburg überlässt der Mensch so stark den Naturgewalten wie Neßsand. Strömung, Gezeiten, Wind und Wetter verändern das Antlitz der Insel jedes Jahr. Wasser spült Weidenwurzeln frei, Starkwind knickt Ulmenäste ab, das Sandwatt wächst, die Gestalt der gesamten Insel bleibt einem steten Wechsel unterworfen. Was der Mensch geschaffen hat, ist dem freien Spiel der Natur ausgesetzt.

SEEMANNSGARN

Bis vor gut zwanzig Jahren lebte der amtliche Insel-Naturschutzwart das ganze Jahr über auf Neßsand – und nicht wie heute nur im Sommer. Manchmal kletterte das Wasser bei Sturmfluten hoch bis zur Warft. Bei solchen Gelegenheiten blickte der

Blick vom Radarturm auf Neßsand und Elbufer

14

Mann aus dem Fenster seiner Behausung und sah, wie sich Rehe, Füchse, Dachse und andere tierische Inselbewohner vor dem steigenden Pegel zusammen auf die Warft retteten. Vereint in der Furcht vor den Fluten, saßen sie ganz friedlich beieinander, berichtete der Inselwart damals. Der gemeinsame Feind, die Flut, hatte sie zusammengebracht. Jedenfalls für kurze Zeit.

FAUNA UND FLORA

Die arme Strandsimse! Was muss sie alles aushalten. Täglich Ebbe und Flut, dazu Wind, Wellen und Stürme. Sie ist die anspruchslose Pionierpflanze von Neßsand, mag Schlamm und Schlick und kann dem Trockenfallen der Elbe trotzen. Vereinzelt soll auch der bis zu zwei Meter hohe, vom Aussterben bedrohte Schierlings-Wasserfenchel auf der Insel sprießen. Nur hier findet der Doldenblütler, ein botanisches Highlight der Unterelbe, die Bedingungen, an die er sich angepasst hat. Doch sein Lebensraum schwindet, und längst ist er vom Aussterben bedroht. Die Uferbereiche im Süden der Insel sind vom Südwasser-Schlickwatt mit breiten Schilfgürteln geprägt. Diese gehen über in Auwälder mit Weiden, Erlen und Pappeln. Im Inselinnern befinden sich dagegen Trockenrasen mit Silbergras und Rotschwingel. Diese Vielfalt von Lebensräumen führt auch zu einer Vielfalt an Bewohnern: Ornithologen dokumentierten mehr als 150 Vogelarten, von denen etwa sechzig auf der Insel brüten. Darunter ist auch ein Seeadlerpaar. Im Herbst und Frühjahr machen Zugvögel wie Löffel- und Krickenten Station. Und in der Nähe des Inselwart-Hauses dösen Zauneidechsen in der Sonne – die Population wurde von Menschen auf die Insel gebracht. NABU Hamburg (Gruppe Süd) und Naturschutzverband GÖP sind hier aktiv.

GUT ZU WISSEN

Wohin mit dem Hafenschlick? Millionen Tonnen des Baggerguts aus den Hafenbecken werden bislang jedes Jahr in der Nordsee (vor Helgoland) und in der Nähe von Neßsand verklappt (»entsorgt«). Schlick ist unter anderem mit Arsen, Blei und Quecksilber belastet. Gemeinsam mit den Bundesländern Schleswig-Holstein, Niedersachsen und Hamburg will die Bundesregierung ein grundlegend neues Konzept erarbeiten. Aus dem Schlick könnte, sofern er nicht belastet ist, Baustoff werden. Im Jahr 2021 stieg die Sedimentmenge im Hafen abermals. Lag sie im Jahr 2018 noch bei 3,4 Millionen Tonnen Trockensubstanz, so sind es nun 5,6 Millionen Tonnen. Umweltschutzorganisationen (NABU, BUND, WWF) kritisierten im Dezember 2021 die »Unverhältnismäßigkeit« der inzwischen neunten Elbvertiefung. Lediglich 1,8 Prozent aller Seeschiffe, die den Hamburger Hafen seit der Freigabe im Mai 2021 angelaufen hätten, seien auf die neue Tiefe tatsächlich angewiesen. Innerhalb der Kategorie der Containerschiffe sei der Anteil mit 3,9 Prozent ebenfalls verschwindend gering. Die Freigabe der zweiten Stufe der Fahrrinnenanpassung erfolgte im Januar 2022. Damit können nun bis zu 13,50 Meter tiefgehende Containerschiffe den Hamburger Hafen tideunabhängig erreichen. Das wirtschaftspolitische Ziel der neunten Elbvertiefung ist jedenfalls realisiert.

HIGHLIGHTS

1 Auf der Gefängnisinsel **HAHNÖFERSAND** (siehe die Tour in diesem Buch) lässt der Schriftsteller Siegfried Lenz Szenen aus seinem Roman »Deutschstunde« spielen. Der junge Insasse Siggi Jepsen muss einen Aufsatz über die »Freuden der Pflicht« schreiben. Von einer Übernachtung auf Hahnöfersand ist dringend abzuraten. Nur für Häftlinge! Und Gefängnispersonal.

2 Der **SÜLLBERG** bringt es immerhin auf eine Höhe von gut 74,7 Metern, ist aber längst nicht Hamburgs höchster Berg. Der heißt Hasselbrack, befindet sich im Stadtteil Neugraben-Fischbek und erhebt sich auf stolze 116,2 Meter. Hoch oben auf dem Süllberg thront das feine Restaurant und Hotel Süllberg.

3 Wenn es schon nicht nach Neßsand gehen kann: Der **ELBSTRAND VON WITTENBERGEN** ist für jeden und für jede zugänglich – mit einem der schönsten Strände Hamburgs (siehe die Tour in diesem Buch). Vor 200 000 Jahren lag über diesem Gebiet in der Saale-Eiszeit ein gigantischer Eispanzer. Das Schmelzwasser der ein Kilometer dicken Schicht formte die heutige Landschaft.

4 Romantik pur im **BLANKENESER TREPPENVIERTEL**: Die kleinen Villen und Häuser in den rund fünfzig Gassen, die sich an den Berg schmiegen, bilden das maritime Antlitz Blankeneses. 58 Treppen und 5000 Stufen prägen das Treppenviertel. Die Buslinie 48 befördert Einheimische und Gäste in einem 360 000 Euro teuren, batteriebetriebenen Kleinbus, der auch »Bergziege« genannt wird.

5 Adrenalin pur verspricht eine Fahrt mit den (ökologisch umstrittenen) High-Speed-Booten der **RIB PIRATEN** (Vorsetzen, City Sporthafen). Mit

Ein Boot der Umweltbehörde steuert den Radarturm an.

steigendem Tempo und bis zu neunzig Stundenkilometer schnell rasen die RIBs (Rigid Inflatable Boats) von der Elbphilharmonie, an Neßsand und Lühesand vorbei bis ins Alte Land und danach wieder zurück. Nur Fliegen ist schöner. Die drei pechschwarzen, acht Meter langen Festrumpfschlauchboote sind mit 300 PS starken Motoren ausgerüstet. Die Schlauchboote wurden für den Offshore-Einsatz konzipiert und werden sonst von den Navy S.E.A.L.s, einer US-Spezialeinheit, und den Umweltschützern von Sea Shepherd für ihre Aktionen auf offener See eingesetzt. An Werktagen nutzen vor allem Firmen das Angebot, an den Wochenenden verstärkt Touristen. Zwei von drei Passagieren sind männlich.

WEITERE INFORMATIONEN

- → Langer Tag der StadtNatur www.tagderstadtnaturhamburg.de
- → Anlandestellen für Wasserwanderer www.hamburg.de/muehlenberger-loch-nesssand
- → High-Speed-Erlebnis www.rib-piraten.de

15

PAGENSAND

Strandgut, Müll und Inselschätze

53° 69' 00" N, 9° 51' 80" O	520 ha	5,8 km	1 km	Vogelwärter	×	×	✓ angeleint

15

ENTERN UND ANKERN

Gleich nördlich von Auberg-Drommel, zwischen den Mündungen von Pinnau und Krückau, liegt die Insel Pagensand. Lang und schmal ist sie, ein bisschen krumm, umflossen vom Hauptstrom der Elbe im Westen und der Pagensander Nebenelbe im Osten. Eine Brücke gibt es auf keiner Seite. Um auf die Insel zu kommen, muss man also paddeln oder eine Fahrt mit dem Ausflugsschiff Tidenkieker buchen. Dessen Fahrgäste gehen im Südosten an Land und unternehmen eine kleine Wanderung durch ein Waldstück und über eine Lichtung bis zum Südweststrand, wohin das Schiff inzwischen weitergefahren ist und wo es die Passagiere wieder erwartet.

Die an den Stränden stehenden Hinweisschilder informieren die Besucher, dass Pagensand ein Naturschutzgebiet ist und das Betreten auf eigene Gefahr erfolgt. Bei stärkerem Wind sollte man tatsächlich gut aufpassen: Denn hier wird kein Totholz aus den Bäumen entfernt, was die vielen umgestürzten Baumstämme und die auf die Wege gefallenen Äste zeigen. Vor einer viel kleineren, aber allgegenwärtigen Gefahr warnen die Itzehoer Wasser-Wanderer: »Auf Pagensand gibt es viele Zecken!« Ihre Website zeigt auch die Stellen, an denen Paddler anlanden dürfen. Ein vom Kreis Pinneberg herausgegebenes Faltblatt mit einer Karte der Insel und weiteren Infos findet man auf den Internetseiten des Elbmarschenhauses. Einige der auf der Karte eingezeichneten Wege sind allerdings inzwischen so zugewuchert, dass sie nicht mehr begangen werden können. Der Anleger an der Ostseite ist den Schiffen des Wasser- und Schifffahrtsamtes vorbehalten.

INSELBLICK

Wer auf eine Insel fährt, der sucht oft etwas Bestimmtes. Ruhe oder Abenteuer, einen Platz zum Abwettern oder vielleicht sogar einen Schatz auf Pagensand. Die vier Jugendlichen aus Uwe Timms gleichnamigem Roman stranden am Westufer der Insel und buddeln nach dem Staatsschatz des Königs von Albanien. Den finden sie zwar nicht, dafür aber Zusammenhalt und Selbstvertrauen – was doch mindestens genauso wertvoll ist. Auch die im Buch beschriebenen Bunkeranlagen würde man auf Pagensand vergeblich suchen. Selbst wenn es sie tatsächlich gegeben hätte, wären sie längst bei einer der vielen Sandaufspülungen, die die Gestalt der Insel in den vergangenen Jahrzehnten stark verändert haben, verschüttet worden.

Viele frühere Besucher der Insel hatten es auf eine ganz andere Kostbarkeit abgesehen: das beste Bauern-

15

frühstück der Unterelbe! Das gab es bei Familie Harder, die vierzig Jahre lang neben einem Bauernhof auch eine Gastwirtschaft auf Pagensand betrieb. Der Hof wurde Ende der 1990er Jahre abgerissen, doch menschenleer ist die Insel nicht: Mitarbeiter des WSA Wedel sind häufig vor Ort, außerdem der Revierjäger sowie Ehrenamtliche des NABU Hamburg. Diese dokumentieren die Pagensander Vogelwelt, und das schon seit 1954. Es gibt kaum ein anderes Gebiet in Deutschland, für das so lange Datenreihen der Brut- und Gastvögel vorliegen – ein wahrer Schatz für Vogelkundler.

Noch etwas findet man auf Pagensand, ohne es gesucht zu haben, nämlich Müll. Besonders am Westufer der Insel wird bei Hochwasser Treibgut angeschwemmt, das sich in der Vegetation verfängt und liegen bleibt. Vieles überdauert Jahrzehnte, vor allem Dinge aus Plastik wie Kanister, Tüten, Tauwerk und Verpackungen aller Art. Die Naturschutzjugend NAJU veranstaltet jedes Jahr im Rahmen des Coastal Cleanup Days eine Müllsammelaktion an der Elbe, auch auf Pagensand. Manchmal finden sich dabei ganz spezielle Holzklötzchen, sogenannte »Drifter« der Uni Oldenburg: Diese tragen eine Kennziffer, die in eine interaktive Karte eingetragen werden kann. Man erfährt dann, an welcher Stelle der Drifter ins Wasser geworfen wurde, und trägt zur Erforschung von Müll-Strömungswegen bei.

GUT ZU WISSEN

Es ist nicht alles Müll, was an Pagensander Stränden angespült wird: Noch brauchbare Fundstücke wie Bälle, Strandspielzeug oder Fender kann man auf der Strandgut-Tombola der NABU-Gruppe Pagensand gewinnen; unter anderem auf dem Kiebitzfest, das jedes Jahr im April in der NABU Vogelstation in der Wedeler Marsch stattfindet.

FAUNA UND FLORA

Für die Tier- und Pflanzenwelt Pagensands stellt die weitgehende Ungestörtheit der Insel den größten Schatz dar. Außerdem findet man dort eine Vielfalt an Lebensräumen, die aus der aufgeräumten Agrarlandschaft längst verschwunden sind: zum Beispiel weite, locker mit Büschen bestandene Offenlandflächen, auf denen Vögel wie Neuntöter, Karmingimpel, Feldlerche und Baumpieper brüten. Der sandige Boden ist der passende Lebensraum für Dünen-Sandlaufkäfer, am Strand findet sich sogar der seltene Sandohrwurm. Ein Problem für die Bodenbrüter stellen die Marderhunde dar, die sich auf der Insel ausgebreitet haben. Seit einigen

Leuchtturm am Pagensander Westufer

Jahren werden auch immer häufiger Wildschweine gesichtet.

HIGHLIGHTS

1 In **SEESTERMÜHE** kann man unter anderem das Heimatmuseum Göpelschauer besuchen und die historische Lindenallee bewundern: In der um 1700 angelegten barocken Gartenanlage des Gutes Seestermühe stehen sich auf siebenhundert Metern Länge etwa sechshundert Bäume in zwei Doppelreihen gegenüber. Für eine stärkende Pause bietet sich der schöne Garten des Hofcafés »Dat Melkhus« in Seestermühe (Im Esch 16) an.

2 **FÄHRE KRONSNEST**: die kleinste Fähre Deutschlands! Ein Verein betreibt diese traditionelle Fährverbindung und wriggt Personen und Fahrräder in einem Holzboot über die Krückau.

3 **KOLLMAR**: »Ein Marschendorf am Ufer der Elbe«. Am besten erst mal zum Hafen, mit Ausflugslokal »Fährhaus Kollmar«, Spielplatz, Imbissbuden und Blick nach Pagensand. Außerdem Strand, Campingplatz und Rosengarten.

WEITERE INFORMATIONEN

→ Fahrten mit dem Tidenkieker www.elbmarschenhaus.de/startseite/tourismus
→ Infos für Paddler www.itzehoer-wasser-wanderer.de/pagen.html
→ Die Reederei Wunschtörn aus Kollmar bietet Törns rund um die Insel www.wunschtoern.de

16

SCHWARZTONNENSAND

Neue Flächen für Flussregenpfeifer

53° 70' 90" N, 9° 46' 40" O	ca. 150 ha	ca. 3 km	ca. 500 m	Vogelwärter	nicht zugänglich	×	×	×

16

ENTERN UND ANKERN

Schwarztonnensand liegt gegenüber von Kollmar, zwischen dem Hauptstrom der Elbe und der Schwarztonnensander Nebenelbe. Die meisten kennen diese Insel nur vom Vorbeifahren: Der Halunder Jet passiert sie auf seinem Weg von und nach Helgoland. Manche Wasserwanderer erinnern sich auch an Aufenthalte auf Schwarztonnensand, denn bis vor einigen Jahren war das Anlanden im Norden der Insel noch gestattet. Doch seit Ende 2018 gehört Schwarztonnensand zum neuen niedersächsischen Naturschutzgebiet »Elbe und Inseln«, und seitdem ist das Anlanden auf der Insel untersagt. In der Region war die Freizeitnutzung immer intensiver geworden, und gleichzeitig wurden durch die Ausweitung der Landwirtschaft und die Elbvertiefungen immer mehr Lebensräume gefährdeter Tier- und Pflanzenarten vernichtet. Das konnte so nicht weitergehen. Nun haben Austernfischer, Feldlerche und Co. auf Schwarztonnensand einen dringend benötigten Ort gewonnen, an dem sie ungestört Nahrung, Rast- und Brutgebiete finden können.

INSELBLICK

Aber zunächst einmal wurde auf und neben Schwarztonnensand mächtig gebuddelt. Denn die Insel war als Ort umfangreicher Kompensationsmaßnahmen für die letzte Elbvertiefung auserkoren worden. Ziel der Arbeiten war, verloren gegangene Lebensräume neu zu schaffen – in der Hoffnung, verschwundene Tierarten dadurch eventuell zurückgewinnen zu können.

Zum einen handelte es sich dabei um typische Fischarten der Unterelbe, die für ihren Nachwuchs ruhige Flachwasserzonen brauchen. Wo finden sie diese heute noch zwischen der bis zu 19 Meter tiefen und bis zu 400 Meter breiten Fahrrinne und den mit Steinen befestigten Ufern, an denen statt Prielen und ruhigen Nebenarmen nun mächtige Deiche und Sperrwerke stehen? Eben. Kein Wunder, dass die Bestände von früher häufigen Fischarten wie Finte und Stint drastisch eingebrochen sind. Und fehlt der Stint, dann bleiben nicht nur die Netze der letzten Elbfischer leer, sondern eine ganze Nahrungskette reißt ab: Auch Tiere wie Zander, Seeschwalben und Schweinswale gehen dann leer aus und verschwinden.

Auf Schwarztonnensand wurden deshalb im Norden der Insel einige Flachwasserzonen neu geschaffen. Zum anderen wurden im Süden Dünen und Sandflächen angelegt. Diese stehen nun Vögeln zur Verfügung, die im Offenland brüten, wie zum Beispiel

16

Flussregenpfeifer und Austernfischer. Leider freuen sich nicht nur die Naturschützer, sondern auch Prädatoren wie der Fuchs über Bodenbrüter, bereichern Eier und Jungvögel doch ihren Speiseplan. Daher wurde die große neue Sandfläche mit einem Strom führenden Wildschutzzaun eingezäunt. Solche Maßnahmen sind zwar sehr arbeitsintensiv, halten die Beutegreifer aber tatsächlich ab und ermöglichen es den Vögeln, ihre Küken aufzuziehen.

GUT ZU WISSEN

Seit über fünfzig Jahren kümmern sich Mitglieder des Vereins Jordsand um das NSG Schwarztonnensand. Dieser Verein »zum Schutz der Seevögel und der Natur« betreut insgesamt etwa zwanzig Schutzgebiete, von denen die meisten an Nord- und Ostsee liegen, darunter die Insel Neuwerk, die Hallig Norderoog und die Greifswalder Oie mit der Vogelberingungsstation. Sitz des Vereins ist das »Haus der Natur« am Rand von Ahrensburg, in dem auch unterschiedlichste Bildungs- und Naturerfahrungsangebote für kleine und große Besucherinnen und Besucher ihren Platz haben.

FAUNA UND FLORA

Gewässer sind nicht nur Wege für Menschen und Tiere, sondern auch für Pflanzen. Samen werden von Fluten mitgerissen und woanders wieder angeschwemmt. Und wenn die Bedingungen passen, können sie an dem neuen Ort keimen und sich ansiedeln. Im Prinzip ist das ganz normal, denn »Natur« ist immer erst mal dynamisch. Problematisch wird es, wenn die Pflanzen am neuen Standort keine Konkurrenten haben und sich unreguliert ausbreiten können. Häufig trifft dies auf Neophyten zu, also auf Pflanzen, die ursprünglich nicht an dem Ort heimisch waren.

Einer dieser Neubürger ist der Japanische Staudenknöterich, der inzwischen fast überall am Elbufer zu finden ist. Anders als zarte Binsen kommt er nämlich auch auf steinernen Deckwerken klar. Und hat er erst einmal Fuß gefasst, breitet er sich nach und nach aus und kann schließlich die umliegende Flora dominieren. Andere typische Neophyten auf den Inseln der Unterelbe sind die Kanadische Goldrute und die Kartoffelrose. Das eigentliche Problem ist nun, dass viele heimische Tiere sehr spezialisiert sind, sei es auf bestimmte Nahrungspflanzen oder auf Wirtspflanzen für ihren Nachwuchs. Wuchert dann überall nur noch der Staudenknöterich, sterben nicht so durchsetzungsstarke heimische Pflanzen aus – und unzählige auf sie spezialisierte Schmetterlinge, Wildbienen etc. mit ihnen.

Algenmatten bedecken die Schlickwatten am Ostufer von Schwarztonnensand.

Um das zu verhindern, gehört zu der Betreuung eines Naturschutzgebietes wie Schwarztonnensand auch die Erfassung und gegebenenfalls Zurückdrängung von invasiven Neophyten. Eine der vielen Aufgaben, die von den ehrenamtlichen Vogelwärterinnen und Vogelwärtern auf Schwarztonnensand erledigt wird.

HIGHLIGHTS

1 **FESTUNG GRAUERORT** in Abbenfleth bei Stade (Schanzenstraße 52). Ein preußisches Fort, das um 1870 errichtet wurde. Heute denkmalgeschütztes Museum und Veranstaltungsort.

2 Das Museum **HEIMATSTUBE ASSEL** in Drochtersen (Asseler Straße 42) zeigt anhand unzähliger Exponate, wie Alltag und Arbeitsleben auf dem Dorf früher ausgesehen haben. Unter anderem sind dort eine Tischlerei und eine Schusterwerkstatt nachgebaut. Geöffnet jeden Sonntag von April bis Oktober zwischen 14 und 17 Uhr.

3 **BLEITURM** in Barnkrug (Barnkruger Straße 58). In diesem 42 Meter hohen Rundturm aus Backstein wurde von 1908 bis 1922 Schrotmunition gegossen. Dafür wurde im oberen Stockwerk heißes, flüssiges Blei durch ein Sieb gegossen, das sich im Fall zu runden Kugeln formte.

WEITERE INFORMATIONEN

→ Festung Grauerort www.grauerort.com
→ Verein Jordsand zur Begründung von Vogelfreistätten an deutschen Küsten www.jordsand.eu
→ Museum Heimatstube Assel www.museum-heimatstube-assel.de

17

SCHWEINESAND

Alles im Fluss der (Ge-)Zeiten

53° 33′ 15″ N, 9° 46′ 26″ O

18 ha

nicht zugänglich

×

×

×

17

ENTERN UND ANKERN

Für die meisten Menschen wird Schweinesand auf der Höhe Blankenese und Wittenbergen nur vom Ufer aus zu betrachten sein. Die Hamburger Behörde für Umwelt, Klima, Energie und Agrarwirtschaft weist darauf hin: Bei Schweinesand-Haken darf ganzjährig nur der östliche Strandabschnitt betreten und zum Lagern genutzt werden – nicht das Inselinnere. Für den eigentlichen Schweinesand, also den Rest der ehemaligen Insel westlich des Durchbruchs, gilt ganzjährig ein Betretungsverbot; das betrifft auch den Strand. Damit gilt für Schweinesand: Anfahrt nur mit eigenem Boot unter Beachtung der gesetzlichen Vorschriften möglich.

INSELBLICK

Wie stark der Strom eine Insel verändern kann, lässt sich auf Schweinesand beobachten. Alles ist hier, wo der Schierlings-Wasserfenchel wächst und Seehunde sich sonnen, tatsächlich im Fluss. Vor allem am Nordufer der heute rund 18 Hektar großen Insel nagen Ebbe und Flut, Strömung, Wellenschlag und Sog der vorbeifahrenden Schiffe. Dazu kommen Sturmfluten. Ein Großteil der einstigen Insel existiert nicht mehr, heißt es im Referat Schutzgebiete und Landschaftspflege in der Hamburger Umweltbehörde. Schweinesand, gelegentlich auch Schweinsand genannt, umfasst daher nur noch den übrig gebliebenen Westteil und die östlich sich anschließende Insel (Schweinesand-Haken).

Ein mehrjähriges Monitoring (2009/2014) im Auftrag der Hamburg Port Authority dokumentiert die Veränderungen im Lauf der (Ge-)Zeiten. So wurde das Sandwatt am Schweinesand-Haken schmaler und hat sich nach Süden verlagert. Der ufernahe Wattbereich und die steile Uferböschung sind weiter erodiert, der Schilfgürtel nahezu vollständig abgetragen. Wie an den Nordufern der Nachbarinseln Neßsand und Hanskalbsand hat sich ein vorwiegend vegetationsloser Sandstrand ausgebildet.

Die Inselkette Schweinesand, Neßsand und Hanskalbsand entstand 1940/41. Das sandige Material, das beim Ausbaggern des Mühlenberger Lochs zum Bau einer Start- und Landebahn für die Wasserflugzeugwerft der Nazis anfiel, wurde auf Schlick- und Sandbänke aufgespült. Menschenhand hat also Schweinsands Nachbarin Neßsand geschaffen – im Unterschied zu Schweinesand mit natürlichem Ursprung.

Längst gibt es zwei weitere Nachbarn, die eher massive Sandbänke sind. Stromaufwärts ragt eine bewach-

17

sene, namenlose Sanddüne aus dem Elbwasser. Und dann lockt noch ein romantischer Traumstrand, den die Blankeneser sehnsuchtsvoll »Sherry Island« nennen. Der Mühlenberger Segel-Club unternimmt alljährlich die beliebten Sandbankausflüge und feiert dort bei Bratwurst und Getränken. Offenbar hat er dafür eine Sondergenehmigung.

STRANDGEFLÜSTER

Kennen Sie »Schweinesand – Eine Insel voller Geheimnisse«, also den gleichnamigen Kinofilm aus dem Jahr 1996/97? Man muss ihn nicht gesehen haben, denn die Filmkritik bewertete ihn durchweg schlecht. Hauptsache aber, die Darsteller hatten Spaß bei den Dreharbeiten auf Schweinesand und in Blankenese. Die elf- bis dreizehnjährigen Kinder, die im Film als kleine Kriminalisten in einem Entführungsfall ermittelten, können sich jedenfalls rühmen, in ihrem Leben einmal auf Schweinesand gewesen zu sein.

FAUNA UND FLORA

In den Restwassertümpeln haben Mitarbeiter der Umweltbehörde bei

Im Abendlicht: Schweinesand (links) mit Neßsand (rechts)

17

Ebbe im Bereich des Durchbruchs eine Teichfaden-Population, eine krautige, untergetaucht lebende Wasserpflanze, entdeckt. Das gilt als etwas Besonderes, weil die starke Trübung der Elbe eigentlich ein Wachstum derartiger Pflanzen nicht zulässt. Westlich vor Schweinesand-Haken findet sich inzwischen ein großer Bestand des Schierlings-Wasserfenchels, einer vom Aussterben bedrohten, endemischen Art, die nur in den Tidegewässern der Elbe vorkommt. An den Sandwatt-Stränden liegen mitunter Seehunde, die hin und wieder von Seglern und anderen Wassersportlern (wie auf Sherry Island) in ihrer Ruhe gestört werden. Und über den Inseln und Sandbänken kreisen hoch oben Seeadler. Insel-Ranger beobachten auf Schweinesand unter anderem Rehe, die bei Ebbe über die Priele an Land gelangen oder sonst auch durch das Wasser schwimmen können.

HIGHLIGHTS

1 Bei **AIRBUS** (Kreetslag 10) können Besucher spannende Einblicke in die Welt des Flugzeugbaus erleben. Ein Shuttle-Bus am Werkseingang bringt die Gäste auf das Betriebsgelände, das so groß wie fünfhundert Fußballfelder ist. Gezeigt werden die einzelnen Produktionsschritte für A320neo, A330 und A350 sowie die Strukturmontage und Innenausstattungshalle des A380.

2 Das **MÜHLENBERGER LOCH** hat eine wechselvolle Geschichte. Für den Flugzeugbauer Airbus wurde das größte Süßwasserwatt teilweise zubetoniert. Trotzdem zählt das Naturschutzgebiet noch immer zu den größten Süßwasserwatten in Europa und ist bei Seglern beliebt. Hier rasten Löffelenten, Zwergmöwen und Brandgänse. Die Fischdichte ist zeitweise um das Hundertfache höher als in anderen Bereichen der Hamburger Tideelbe.

3 Neuenfeldes Barockkirche **ST. PANKRATIUS** (Organistenweg 6, Hamburg) wurde im 17. Jahrhundert erbaut. Als Heimatkirche des Orgelbauers Arp Schnitger erklingt in ihr seine größte erhaltene zweimanualige Orgel.

WEITERE INFORMATIONEN

→ Airbus www.airbus.com
→ Der NABU über die Zerstörung des Mühlenberger Lochs durch den Flugzeugbauer www.nabu.de/news/2005/04283.html
→ Evangelische Kirchen im Bereich der Süderelbe https://kirchesuederelbe.de/neuenfelde kirchesuederelbe.de/neuenfelde

18

BILLERHUDER INSEL

Eine Oase für Kleingärtner

53° 32′ 36″ N, 10° 3′ 38″ O	38 ha	1 km	530 m	60	✕	✕	✓

18

ENTERN UND ANKERN

Mit dem ÖPNV: U2 bis Burgstraße, von dort mit dem Bus 130 zur Haltestelle Billerhuder Insel. Diese Linie verkehrt auch ab Rothenburgsort (S 21). Möglich ist zudem die U-Bahn bis zum Rauhen Haus (U2), von dort 15 Minuten Fußweg. Wassersportler können je nach Lust und Laune an der Wasserkante entlangfahren. Autofahrer geben »Ausschläger Billdeich« ins Navi ein.

INSELBLICK

Bei Trittau (Schleswig-Holstein) sprudelt eine Quelle, die zu einem 65 Kilometer langen Fluss anschwellen wird. Nur fünf Kilometer von der Hamburger City entfernt, umspült sie – in Sichtweite des Fernsehturms (»Tele-Michel«) – ein grünes Eiland: die Billerhuder Insel. Sie ist fest in der Hand von Kleingärtnern (Gartenkolonie Billerhude von 1921 e.V.). Gut sechzig von sechshundert Mitgliedern haben hier ihren regulären Wohnsitz, Postanschrift: »Klgv. 114, Parzelle Nr. ...« Inselkinder, die diese Adresse in Klassenlisten eintragen müssen, finden das gar nicht lustig und werden gefragt, ob da auch Palmen wachsen. Natürlich nicht. Dafür Pappeln, Apfelbäume, Kirschen, Hortensien – allesamt auf Billesand gepflanzt. Die Insulaner genießen, trotz Stadtnähe, himmlische Ruhe. Und die sportlichsten von ihnen schwimmen im Sommer um die Insel herum. In einer Stunde und vierzig Minuten ist sie umrundet.

Als 1907 der Bullenhuser Kanal gebaut wurde, entstand dieses 38 Hektar große Flusssand-Gebiet, das seitdem komplett im Wasser liegt. Damals schwappte der Kleingärtner-Boom aus Sachsen in den hohen Norden, und zusehends siedelten sich »Schreber« an. Die Parzellen vergab zunächst die Patriotische Gesellschaft, später der Gartenkolonie-Verein. Anfangs war der Flusssandboden ungeeignet für den Gartenbau. Aber die neuen Nutzer verwandelten die oberen Schichten mit viel Humus in brauchbares Land. Nur einen Brunnen bohren dürfen sie nicht – tief im Erdreich könnten sich Gasblasen aus Methan befinden.

Wie alle Kleingartenanlagen ist auch die Schreberinsel öffentlich zugänglich. Die Straßen und Wege heißen zum Beispiel Schrebernest, Lindenweg und Rübenweg. Robert Deifts, Vereinsvorsitzender der Gartenkolonie, ist so etwas wie der Dorf-Sheriff. Er achtet darauf, dass die Verkehrsregeln in den Tempo-30-Zonen eingehalten werden – und dass der Streit zwischen Nachbarn nicht ausufert. Wer übrigens glaubt, er könnte sich für eine der begehrten Parzellen bewerben, sollte

18 wissen: Weil die Nachfrage gerade in Corona-Zeiten noch einmal gestiegen ist, wurde die Warteliste geschlossen.

GUT ZU WISSEN

Nach den Bombenangriffen auf Hamburg im Zweiten Weltkrieg (»Feuersturm« 1943) fanden Hamburger aus zerstörten Häusern in sogenannten Behelfsheimen auf der Insel eine Bleibe. In jüngerer Zeit geriet sie stark in den Fokus wirtschaftlicher Interessen. Die Grundstücke sollten, so die Pläne der Handelskammer von 2014, dem Wohnungsbau weichen und die Parzellen »sozial verträglich« verlegt werden. Nach Protesten gilt jetzt zum Glück Bestandsschutz.

FAUNA UND FLORA

Birken, Weiden und Fichten ragen keck in den Himmel. In den Gärten wachsen Weinreben. Allerdings vermehren sich Nacktschnecken so stark, dass manche Schreber auf den Anbau von Salat und weiteren Schnecken-Leckerbissen verzichten. In der Bille schwimmen Aale, Forellen, Hechte, Weißfische – zur Freude der Kleingärtner mit Wassergrund-

Sportboot und eigene Scholle: Billerhuder Insel

stück und eigenem Bootsanleger. Einen Fischmarkt müssen sie wohl nie besuchen. Stark vermehrt haben sich Signalkrebse (Pacifastacus leniusculus). Die bis zu 16 Zentimeter großen wehrhaften Tiere wurden aus Nordamerika vermutlich über den Aquarienhandel in hiesige Gewässer eingeschleppt.

WASSERSPORT

Das Revier des Biller Wassersport Schwalbe e.V. (Ausschläger Billdeich 109 A) ist die Bille samt Bullenhuser Kanal. Von hier aus lassen sich romantische Paddeltouren rund um die Insel unternehmen. An ausgewählten Terminen steuert auch die Bergedorfer Schifffahrtslinie mit ihren Barkassen die Region an.

GEDENKSTÄTTEN UND HIGHLIGHTS

1 Das **HAMBURGER TIERHEIM** (Süderstraße 399) ist die weithin bekannte amtliche Annahmestelle für Fundtiere in der Hansestadt. Es wird vom Hamburger Tierschutzverein von 1841 e.V. betreut und beherbergt regelmäßig gut tausend Tiere.

2 Die **GEDENKSTÄTTE BULLENHUSER DAMM** (Bullenhuser Damm 92) erinnert an zwanzig jüdische Kinder und mindestens 28 Erwachsene. SS-Männer hatten sie kurz vor Kriegsende am 20. April 1945 im Keller des Gebäudes ermordet. Zuvor waren die Kinder für pseudomedizinische Zwecke im KZ Neuengamme missbraucht worden. Zur Gedenkstätte gehören eine Ausstellung und ein Rosengarten.

3 Das **INSTITUT FÜR HYGIENE UND UMWELT** (Marckmannstraße 129 A) wurde 1892 nach der Cholera-Epidemie mit mehr als 8600 Toten in Hamburg gegründet. In dem Gebäude befand sich während der NS-Zeit das Kinderkrankenhaus Rothenburgsort. Die Nazis ermordeten hier mehr als fünfzig behinderte Kinder (»Euthanasie«).

WEITERE INFORMATIONEN

- → Bille-Törns der Bergedorfer Schifffahrtslinie www.barkassenfahrten.de
- → Gartenkolonie Billerhude von 1921 e.V. www.gartenkolonie-billerhude.de

19

GURLITT-INSEL

Die Insel der Täuschung

53° 33′ 31″ N, 10° 0′ 31″ O

7200 m² (mit Bootsstegen größer) | 120 m | 60 m | ✓ | ✓ | ✓

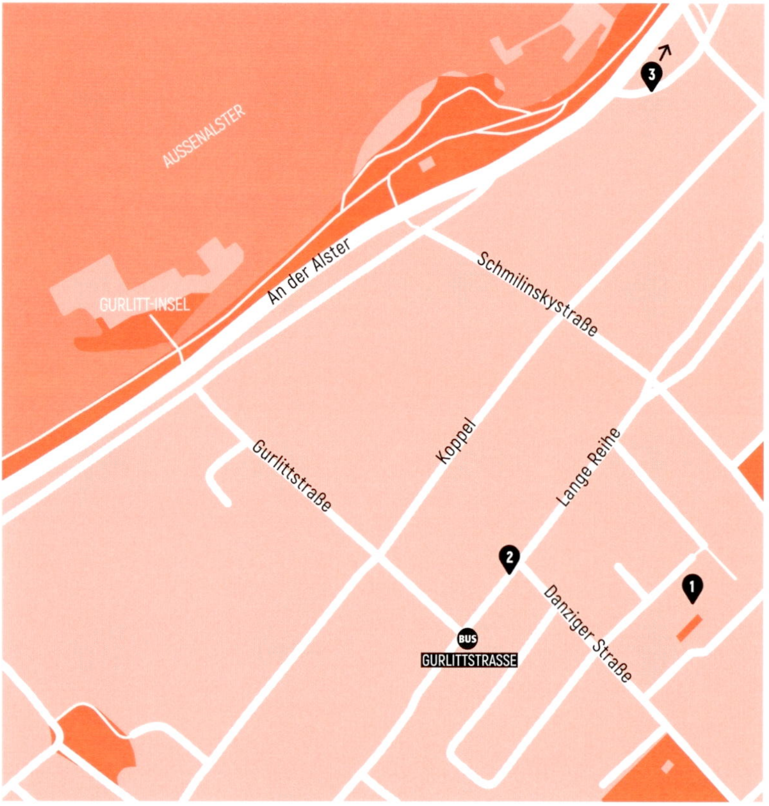

ENTERN UND ANKERN

Mit dem Bus (Linie 17 oder 18) ab Hauptbahnhof/Kirchenallee bis zur Gurlittstraße (Fahrzeit: eine Minute). Danach kurzer Fußweg mit Überquerung der viel befahrenen Straße An der Alster. Hinter Weidenbäumen liegt die Alsterinsel im schmalen Handtuchformat. Wegen knapper Parkplätze ist von einer Autofahrt abzuraten.

INSELBLICK

Wo der Hamburger Straßenverkehr an den Luxusherbergen Le Méridien und dem strahlend weißen Hotel Atlantic vorbeirauscht, liegt versteckt im Weidengrün am östlichen Ufer der 164 Hektar großen Außenalster Hamburgs Insel der Täuschung. Sie gibt ihre Existenz als Eiland dem Unkundigen nicht preis, so eng schmiegt sie sich an das Festland und ist nur durch einen Alstergraben davon getrennt. Achtzehn Schritte über eine Brücke – und schon ist man am Ziel. Die Wege sind gepflastert, bis ein fester Verbund aus Bootsstegen das Areal der 120 Meter langen und 60 Meter breiten Insel vergrößert. Im Wasser schwimmen Jollen und Boote der Deutschen Lebens-Rettungs-Gesellschaft (DLRG). Denn die einzige natürliche Alsterinsel ist fest in der Hand der Segler und Ruderer. Hier haben die Segelschule Käpt'n Prüsse, der Hamburger Segel-Club e.V. (HSC) und der Ruder-Club Allemannia von 1866 ihren Sitz. Zwar ist die Außenalster nur 3,5 Meter tief. Aber die Gurlitt-Insel liegt am Rande eines durchaus anspruchsvollen Wassersport-Reviers. Denn die Uferbebauung mit Häusern und Brücken kann die Windeffekte auf der Außenalster verstärken.

Insel- und Straßenname erinnern an den Aufklärer und Pädagogen Johann Gottfried Gurlitt (1754–1827). Erst lehrte der gebürtige Hallenser und Kenner orientalischer Sprachen im Kloster Berge bei Magdeburg, bis er im Jahr 1802 das Rektorat des Johanneums übernahm – ein Amt, das der Humanist an der ältesten höheren Bildungseinrichtung der Hansestadt bis 1827 ausübte. Gurlitt ging neue Wege in der Schulpädagogik, führte Fach- und Leistungsklassen ein. Mit der unscheinbaren Alsterinsel und der Straße wird sein Name ebenso lebendig gehalten wie mit der Inschrift auf seinem Grabkreuz: »Restitutor Johannei« (Erneuerer des Johanneums).

Nichts erinnert heute mehr daran, dass die Gurlitt-Insel sogar die Nationalsozialisten im so genannten Dritten Reich zu täuschen verstand. Im Schutz der Weiden und des Wassers trafen sich dort während dieser Zeit Jugendliche, die von einer neuen amerikanischen Musikrichtung begeistert waren:

19

die »Swing-Kids«. Statt »Heil Hitler« begrüßten sie einander auf dem Alster-Eiland mit »Swing Heil!«. Doch es dauerte nicht lange, bis die Gestapo die Anhänger des Swing verfolgte. Einige von ihnen kamen ins Konzentrationslager. Bald darauf prangte in schwarzen Lettern vor der Gurlitt-Insel warnend ein Schild der NS-Reichskulturkammer: »Swing tanzen verboten«.

LANDGANG UND TINGELTANGEL

Auf und an der Außenalster ist alles in Bewegung. Die Wellen, die auch bei starkem Wind kaum höher als dreißig, vierzig Zentimeter werden, die Haubentaucher, Radfahrer, Skipper, Spaziergänger – und selbstverständlich die Jogger. Der 7,4 Kilometer lange Rundweg um die Alster führt an der Gurlitt-Insel vorbei und ist Hamburgs beliebteste Laufstrecke. Selbst mitten in der Nacht wird die Strecke für sportliche Zwecke genutzt. Seit der Corona-Pandemie entdecken zudem immer mehr Freizeitkapitäne die Außenalster als Revier, neuerdings mit preiswerten Gummibooten aus dem Versandhandel. Zu den ersten Adressen für den Boots- und Board-Verleih gehören die Segelschule Pieper (An der Alster 71), die sich auf Tretboote, VB-Jollen, Centaur/Zugvogel sowie Laser 16 spezialisiert hat, sowie Bobby Reich (Fernsicht 2; Ruderboote, Kanus, Segelboote). Sommers wie winters lädt das Restaurant mit überwiegend traditioneller deutscher Küche zum Speisen ein. Täglich ab zehn Uhr geöffnet! Baden sollte man in der Außenalster allerdings wegen Verschmutzung, Algen sowie Schiffs- und Bootsverkehr lieber nicht.

GUT ZU WISSEN

Um sich während des Zweiten Weltkriegs vor den anglo-amerikanischen Fliegerangriffen zu schützen, ließen die Nazis 1942/43 rund dreihundert Meter von der Gurlitt-Insel entfernt mitten im Wasser eine Flak-Station bauen. Sie wurde auf Holzpfählen errichtet, mit Blättern und Reet als Insel getarnt und mit sechs Geschützen ausgestattet. Als Flak-Helfer kamen unter anderem sechzehnjährige Rekruten zum Einsatz. Von der Flakinsel in der Außenalster ist nach der Demontage im Juni 1946 nichts mehr erhalten geblieben. An der Schwanenwik erinnert eine Gedenktafel an zwei Flaksoldaten und einen Flakhelfer, die beim »Feuersturm« 1943 ums Leben gekommen sind.

FAUNA UND FLORA

Weiden, Eichen und ein Ahornbaum wachsen auf und an der Gurlitt-Insel. Im Wasser der Außenalster sind 31

Fischarten zu Hause, darunter Flussbarsche, Karpfen und Rotaugen. Im Auftrag des Projekts »Lebendige Alster« werden seit 2018 jeden Winter Forelleneier in ausgewählten Kiesbetten der Alster eingebracht. Seerosen und Schwertlilien blühen im Sommer um die Wette, umschwirrt von Libellen wie der Braunen Mosaikjungfer. Teichhühner, Haubentaucher, Stockenten und Höckerschwäne finden in diesem Revier ihre Brutplätze.

Bootssteg auf der Alsterinsel

HIGHLIGHTS

1 Der Dom **ST. MARIEN** (Am Mariendom 7) ist die Kathedrale des katholischen Erzbistums Hamburg. Das neoromanische Gotteshaus wurde 1893 erbaut.

2 Die **LANGE REIHE** in St. Georg schläft niemals. Auf der quirligen Straße mit Restaurants, Freisitzen, Bars, kleinen, internationalen Läden ist immer was los. Schwule, Lesben und Transgender treffen sich hier, und im August findet der Christopher Street Day statt.

3 Kuppel und Minarette der blauen **IMAM-ALI-MOSCHEE** (Schöne Aussicht 36) ragen in den Hamburger Himmel. Das Gebäude mit der Fassade aus himmelblauen Fliesen wurde auf Initiative iranischer Teppichhändler zwischen 1960 und 1965 gebaut und ist Sitz des »Islamischen Zentrums Hamburg e.V. Imam Ali Moschee«. Darin befindet sich ein zweihundert Quadratmeter großer Gebetsteppich. Er hat einen Durchmesser von 16 Metern, wiegt eine Tonne und zählt weltweit zu den größten handgeknüpften Teppichen.

WEITERE INFORMATIONEN

→ Segeln lernen auf der Alster und Motorbootführerscheine www.pruesse.de
→ Szene-Café St. Georg www.cafeuhrlaub.de
→ Dom St. Marien www.mariendomhamburg.de

20 CREMON

Die zerstörte Zuckerinsel

53° 32′ 43″ N, 9 ° 59′ 27″ O

ca. 6,7 ha — ca. 500 m — ca. 200 m (das frühere Inselgebiet)

ca. 1000 (Stand: 2021)

✓ ✓ ✓

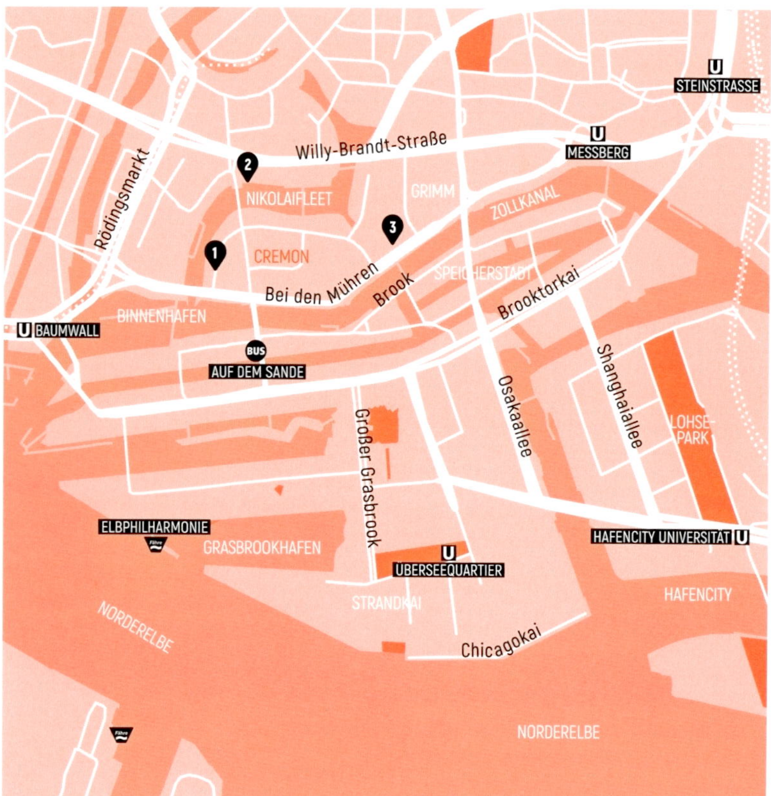

ENTERN UND ANKERN

Per pedes vom Rathaus zum Großen und Kleinen Burstah über die Holzbrücke (Nikolaifleet) bis zum Katharinenfleet – und schon ist man auf der früheren Marschinsel Cremon im Mündungsgebiet von Alster und Elbe. Mit der Buslinie 6 bis zur Haltestelle Auf dem Sande, danach Fußweg von gut fünf Minuten.

INSELBLICK

Ja, wo ist sie denn, die Insel? Es gibt sie nicht mehr. Und das kam so: Cremon sollte nach den Plänen der Stadtväter im Jahr 1937 eine »hanseatische Traditionsinsel« zum Vorzeigen werden. Sie verfügte über alles, was man dafür brauchte: Althamburgische Bürgerhäuser, Fleete im Herzen der Altstadt, Handels- und Kaufmannstraditionen, den Geist des Ehrbaren Kaufmanns. Doch der Zweite Weltkrieg zertrümmerte das Vorhaben. Beim »Feuersturm« legten die Alliierten 1943 nicht nur weite Teile der Stadt, sondern auch die Insel Cremon in Schutt und Asche. Noch aber war sie eine Insel, umgeben von Nikolaifleet und Zollkanal, Katharinen- und Steckelhörnfleet. Beim Wiederaufbau allerdings musste die Stadt der enormen Schuttmassen Herr werden. Und so wurden Katharinen- und Steckelhörnfleet 1946 komplett zugeschüttet und zu Straßen (Katharinenstraße; Steckelhörn), wie schon nach dem Großen Brand von 1842 das Klosterfleet. Somit hat die Insel ihren Status verloren und bleibt als Eiland lediglich mit dem Namen in kollektiver Erinnerung, der auf den mittelalterlichen Grundeigentümer Fredhericum de Crimun zurückgehen soll.

Im 12. Jahrhundert wohnten auf der Marschinsel die ersten Siedler der Neustadt. Später wurde sie parzelliert. Schmale, bis zu 32 Meter breite und 180 Meter tiefe Grundstücke entstanden, die sowohl von der Straßen- als auch von der Wasserseite zu erreichen waren. So konnten Waren bequem und schnell transportiert werden. Die Architektur des Althamburger Bürgerhauses zwischen dem 13. und 19. Jahrhundert entsprach genau dieser Funktionalität. Dreh- und Angelpunkt war die geräumige, ebenerdige Diele mit einer Treppe, die zur Galerie und dem abgeteilten Kontor sowie einem Speicher führte. Die Dielen dienten als zentrale Feuer- und sogar als Braustelle für Bier. Geradezu modern mutet die Trennung von Wohn- und Arbeitsräumen an. Wer heute die noch erhaltene fleetseitige Bebauung anschauen will, findet das letzte Ensemble von Speicherhäusern aus dem 18. und 19. Jahrhundert (Cremon 33–36) und darüber hinaus moderne,

20

um 1900 gebaute Kontorhäuser (Cremon 11; 37–38). Weitere Fachwerk-Außendeichhäuser stehen in der Deichstraße, die nicht zur ehemaligen Insel gehört.

Moderne Bauten, darunter auch mit Wohnungen, dominieren heute das Quartier. Wo einst das Steckelhörnfleet floss, führt die Straße Steckelhörn entlang. Dort hat die Hamburger Niederlassung des Statistikamts Nord ihren Sitz. Cremon wird von der benachbarten evangelischen Katharinenkirche überragt.

GUT ZU WISSEN

Wie die Menschen auf Cremon im späten Mittelalter und der Frühen Neuzeit lebten, förderten Archäologen in den 2010er Jahren zutage. Sie entdeckten u.a. vier hölzerne Kloakenschächte aus dem 15. und 16. Jahrhundert. Das Abwasser floss damals in die Fleete, die gleichzeitig als Wasserquelle für die Herstellung von Bier dienten. Gefunden wurde in einer alten Mistschicht eine rund ein Zentimeter große, durchbohrte Bernsteinperle. Zudem stießen die Archäologen auf nahezu einhundert Zucker- und

Blick von der Reimersbrücke auf die ehemalige Cremoninsel (rechts) mit Nikolaifleet und Katharinenkirche (links)

Melassetöpfe aus dem 18. und 19. Jahrhundert. Sie belegen, dass auf dieser Insel Zucker raffiniert und Branntwein hergestellt wurde.

NATUR UND UMWELT

»Zitronenjette« und »Aalweber« sind die wichtigsten Mitglieder des Vereins De Fleetenkieker e.V. Mit den beiden Booten führen die Ehrenamtlichen regelmäßig Umweltfahrten auf der Alster und den Fleeten durch und sammeln Müll ein. Sie sind fast jede Woche auf dem Wasser, meist sind Kita-Gruppen, Schulklassen und andere Passagiere an Bord, die bei Umweltschutz und Gewässerpflege mithelfen. Am häufigsten werden Kaffeebecher, Chipstüten, Dosen und Feuerzeuge gesammelt. Einmal waren es mehr als einhundert Glasflaschen in einer Stunde.

HIGHLIGHTS

1 Das **KONTORHAUS** (Cremon 11) ist auf der Vorderseite gut erhalten. Das Hinterhaus existiert nicht mehr. Das »Cremonhaus« wurde 1905/06 nach den Plänen des Architekten Gustav Blohm errichtet.

2 Das fahrtüchtige **THEATERSCHIFF** auf dem Nikolaifleet ist eine schwimmende Bühne mit Plätzen für 120 Besucherinnen und Besucher. Gegründet hat es der Hamburger Schauspieler Eberhard Möbius (1926–2020) zusammen mit seiner Frau Christa. Mit Inszenierungen und Veranstaltungen gelang es ihm, bekannte Schauspieler wie Peter Ustinov, Senta Berger, Gert Fröbe und Heinz Reincke auf das Schiff zu holen. Wenn den Besuchern mal aus Versehen ein Glas zu Bruch ging, scherzte »Möbi«: »Schmeiß weg, Besitz belastet nur.«

3 Der barocke **TURM DER KATHARINENKIRCHE** (Bei den Mühren/Katharinenkirchhof) aus dem Jahr 1657 überragt die ehemalige Insel und ist nach umfangreichen Sanierungsarbeiten der Hauptkirche bestens erhalten. Die Gemeindekirche wurde Mitte des 13. Jahrhunderts gegründet und bei den Bombenangriffen 1943 schwer beschädigt.

WEITERE INFORMATIONEN

- → Restaurant Schoppenhauer www.restaurant-schoppenhauer.de/speisekarte
- → Umweltfahrten www.defleetenkieker.com
- → Theaterschiff www.theaterschiff.de

21

FLEETINSEL

Auf der Brücke der ewigen Liebe

53° 32′ 54″ N, 9° 59′ 6″ O | 9 ha | ca. 770 m | ca. 100 m | ca. 100 | ✓ | ✓ | ✓

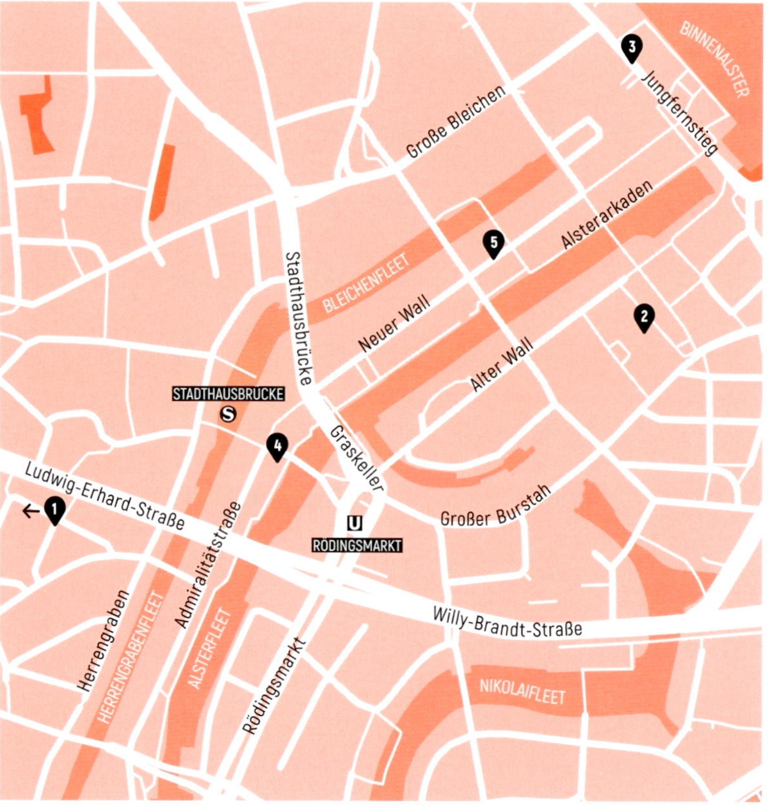

ENTERN UND ANKERN

Vom Hauptbahnhof mit der S3 (Pinneberg) oder der S1 (Wedel) bis zur Stadthausbrücke. Von dort aus sind es nur wenige Meter. Genauso einfach ist es mit der U3 Richtung Rathaus/Landungsbrücken/St. Pauli bis zur U-Bahn-Station Rödingsmarkt, von dort läuft man über die Heiligengeistbrücke zum Hotel Steigenberger und ist schon auf der Fleetinsel.

INSELBLICK

Knieprobleme? Kinderwunsch? Dann könnten Sie auf der Fleetinsel im Herzen der Stadt zwischen Rödingsmarkt und Michel genau richtig sein. Auf dem urbanen Gebietsstreifen zwischen Alsterfleet, Herrengraben und Bleichenfleet befinden sich etliche Spezialkliniken – mit dem Schwerpunkt Orthopädie bis zur Kinderwunsch-Praxisklinik. Das im Zweiten Weltkrieg erheblich zerstörte Viertel im schmalen Handtuchformat gibt seine wassernahe Lage zwischen Jungfernstieg und Baumwall allerdings nur auf den zweiten Blick preis. Auf knappem Raum und fast ohne Grün zeigt die feine Insel der Fleete auf jeden Fall diese beiden Gesichter: Künstler, die in den noch erhaltenen Kontorhäusern aus dem 19. Jahrhundert und in Lagergebäuden mit Wasserblick arbeiten, und Büroangestellte, die mittags draußen speisen.

Während der Arbeitspause flanieren Geschäftsleute über Straßen und Plätze. Draußen und drinnen finden sie Platz, um in aller Ruhe zu essen. Besonders beliebt sind das Restaurant »Marinehof« im Neidlinger-Haus aus dem 19. Jahrhundert, der »Rheinische Hafen« (Stadthausbrücke 1–3) mit seinem legendären Sauerbraten (plus Kölsch) und das »Rialto«. Direkt an der Michaelisbrücke (Nummer 3) hat auch die »Erste Liebe Bar« (Sandwiches, Kaffee, Snacks) ein Stammpublikum.

Die Michaelisbrücke führt über das Herrengrabenfleet mit dem Bleichenfleet. Beide Wasserstraßen wurden im 15. und 16. Jahrhundert zum Schutz der Wallanlagen als Befestigungsgräben gebaut. Die Brücke hat es zu einiger Berühmtheit gebracht: Am Geländer hängen mehr als hundert sogenannte Liebesschlösser. Viele Paare in Deutschland folgen damit alten italienischen und osteuropäischen Traditionen und wollen auf diese Weise ein Zeichen ihrer ewigen Liebe setzen. Schlüsseldienste übernehmen gegen Geld die Gravur der Schlösser mit den Namen des Paares. Und dann ist alles perfekt für die Zeremonie: Schloss schließen, Kuss geben, Schlüssel im Fleet versenken. So hält jede Beziehung bis zur Ewigkeit, mindestens aber bis zum nächsten Augenblick. Versprochen!

21 Unmittelbar an der Michaelisbrücke lädt in einem Wohn- und Geschäftshaus mit neugotischer Fassade das Kunstantiquariat Joachim Lührs, das unter anderem Grafiken und Handzeichnungen vom 16. bis 20. Jahrhundert verkauft, zum Stöbern ein. Allein die Ausstellungen in den beiden Schaufenstern lohnen einen Blick, denn sie greifen stets ein aktuelles gesellschaftliches Thema auf. Eine Institution auf der Insel, die Kunstbuchhandlung Sautter + Lackmann (seit 1970), stellte ihren Betrieb dagegen Ende 2021 ein – wegen fehlender wirtschaftlicher Perspektive, wie die neuen Eigentümer nicht lange nach der Übernahme verlauten ließen.

Eigentlich wollte der Senat in den 1980er Jahren alle historischen Häuser auf der Fleetinsel abreißen und das Areal neu bebauen. Aber Kunstmäzen und Jurist Hans Jochen »Jockel« Waitz und Architekt Jan Störmer erreichten mit dem damaligen Kultursenator Ingo von Münch, dass die Kontor- und Lagerhäuser aus dem 19. Jahrhundert entlang der Admiralitätstraße und des Alsterfleets unter Denkmalschutz gestellt wurden. Damit legten sie den Grundstein für das heutige Kunstquartier mit rund zehn renommierten internationalen Galerien. Der Gebäudekomplex Admiralitätstraße und Michaelisbrücke gilt als ihr Zentrum (u.a. Galerie Jürgen Becker; Holger Priess).

GUT ZU WISSEN

Viele Jahre fand auf der Fleetinsel das beliebte Duckstein Festival statt – bis der Platz bei gestiegener Besucherzahl zu eng und das Festival in die Hafencity verlegt wurde. Dafür gibt es, alle Jahre wieder, einen kleinen Weihnachtsmarkt mit Pagodenzelten und wärmenden Feuern. Wichtig zu wissen: Welche Flächen genau zur Fleetinsel gehören, darüber gibt es unterschiedliche Angaben. Heute wird die Bebauung zwischen Ludwig-Erhard-Straße und Stadthausbrücke so bezeichnet. Eigentlich müssten aber alle Flächen zwischen Herrengrabenfleet und Alsterfleet im Westen bzw. Osten und vom Neuen Wall bis zum Ende der Admiralitätstraße einbezogen werden.

FAUNA UND FLORA

Wer über die Mini-Insel streift, sieht Tauben, Amseln und Möwen – die häufigsten Vogelarten. Auch im Wasser tummelt sich allerlei Getier. Wie sich der Lebensraum Fleet entwickelt, soll die »Grüne Schute« im Alsterfleet, Höhe Admiralitätstraße, erforschen. Der 23 Meter lange ehemalige Lastenkahn dient im Auftrag des Projekts »Lebendige Alster« als Ort der Umweltbildung. Das Innere des Schiffs ist geflutet und bietet

Bewohnern des Fleets Verstecke und Nahrung. Bei der Flutung der Fleete im Jahr 2021 wurden viele Barsche entdeckt und ins fließende Wasser gebracht.

HIGHLIGHTS

1 Die Hauptkirche **ST. MICHAELIS** (Englische Planke), von den Hamburgern liebevoll »Michel« genannt, ist Norddeutschlands schönste Barockkirche. Jährlich lockt sie rund eine Million Besucher an. Besonders beliebt: die 82 Meter hohe Aussichtsplattform im Turm.

2 Das **RATHAUS** (Rathausmarkt), der sechste Bau dieser Art in der Geschichte der Stadt, steht hier stolz als Neorenaissance-Gebäude (647 Zimmer, 112 Meter hoher Turm) seit dem Jahr 1897.

3 Der **JUNGFERNSTIEG** ist Deutschlands erste – 1838 – asphaltierte Straße, inzwischen eine Flaniermeile mit deutlich weniger Autoverkehr.

4 Das **STEIGENBERGER HOTEL** (Heiligengeistbrücke 4) bildet das Entree zur Fleetinsel, ein 5-Sterne-Superior-Haus mit 235 Zimmern und Suiten.

5 Der fast sechshundert Meter lange **NEUE WALL** ist die Einkaufsstraße mit einigen der teuersten Geschäften der Stadt und internationalen Marken.

Michaelisbrücke auf der Fleetinsel

WEITERE INFORMATIONEN

→ Rheinisches Restaurant www.rheinischerhafen.de
→ Hauptkirche St. Michaelis www.st-michaelis.de
→ Restaurant Rialto www.restaurantrialto.de

22

LIEBESINSEL IM STADTPARK

Küsse unterm Blütenmeer

53° 35′ 35″ N, 10° 1′ 32″ O | 0,23 ha | 95 m | 30 m | ✓ | ✓ | ✓

22

ENTERN UND ANKERN

Mit dem Kanu in den Goldbekkanal. In der Nähe der Brücke (im Süden des Stadtparksees) aussteigen. ÖPNV: Mit der U3 bis Saarlandstraße, danach acht Minuten Fußweg. Nächstgelegene S-Bahn-Station Alte Wöhr (S1). Adresse in Inselnähe: Südring 5 B. Dort auch begrenzte Parkmöglichkeiten für Autofahrer.

INSELBLICK

Wenn die Zierkirschen auf der Liebesinsel im Stadtparksee in voller Blüte stehen, liegt Liebe in der Luft. Fern vom Großstadttrubel genießen Paare hier ihre gemeinsame Zeit. Lauschige Plätzchen auf hölzernen Sesseln locken versteckt unter Laub. Direkt am Goldbekkanal und auf der anderen Inselseite am Seeufer lässt sich aber auch einsam trefflich träumen. Die 95 Meter lange, nur 30 Meter breite und 0,23 Hektar große Insel hat nur einen Zweck: das Herz der Menschen zu erfreuen.

Der Weg zum insularen Liebesglück führt über eine Klinkerbrücke. So gelangt man ebenso schnell wie romantisch über den bis zu anderthalb Meter tiefen Goldbekkanal auf das grüne Eiland mit dem gastfreundlichen Kiosk samt Bootsvermietung. Erbaut hat die Brücke der Hamburger Oberbaudirektor Fritz Schumacher (1869–1947), dessen Werke bis heute die Hansestadt prägen (u.a. Krematorium auf dem Friedhof Ohlsdorf, Siedlung in Langenhorn, Finanzdeputation am Gänsemarkt, Davidwache). Es war auch die Idee des genialen Stadtplaners, beim Entwurf des Stadtparks und seines Sees eine Insel für Verliebte zu schaffen. Dafür ließ er den neuen Stadtparksee mit dem Goldbekkanal verbinden.

Ohne Schumacher und seine Mitstreiter Ferdinand Sperber (Oberingenieur) und Otto Linne (Gartendirektor) gäbe es weder die Liebesinsel noch den 148 Hektar großen Stadtpark in Winterhude. Während sich Schumacher beim Bau der künstlichen Insel von einem der beiden Gemälde »Die Toteninsel« und die »Lebensinsel« des Künstlers Arnold Böcklin (1827–1901) inspirieren ließ, realisierte er mit der Idee einer grünen Oase die Idee eines Volksparks. Einen »Garten nicht zum Durchwandern, sondern zum Inbesitznehmen« wollte er schaffen. Was ihm mit der Eröffnung des Stadtparks am 1. Juni 1914 dann tatsächlich gelang. Schumacher zu Ehren heißt der Biergarten am Naturbad Stadtpark mit Blick auf das Planetarium daher »Schumachers«.

GUT ZU WISSEN

Die Wurzeln der Stadtparkgeschichte gehen auf das 19. Jahrhundert zurück. Es war der jagdbegeisterte Hamburger

22

Goldschmied und Immobilienbesitzer Adolph Sierich (1826–1889), der sich am Rande von Winterhude ein 35 Hektar großes Wald- und Wiesengebiet zulegte, wo die Bürger gegen Gebühr den Wildpark mit Hirschen und Rehen bestaunen konnten. 1901 verkauften die Erben das »Sierichsche Gehölz« an die Stadt. Von 1910 an konnte es Fritz Schumacher in seine Planungen für den Stadtpark einbeziehen.

FAUNA UND FLORA

Die Eichen aus dem Sierichschen Gehölz haben längst einen Durchmesser von fünfzig Zentimetern. Hier leben, nicht weit von der Liebesinsel, Waldohreulen, Waldkauz und Uhu. In den alten Bäumen brüten Buntspechte. Die Säulenpappeln auf der Liebesinsel gibt es allerdings nicht mehr. Sie wurden durch Japanische Zierkirschen ersetzt. Erinnerten die alten Pappeln in ihrer Gestalt an die Zypressen in Böcklins dunklem Gemälde »Die Toteninsel«, erwacht mit der Blüte der neuen Japanischen Zierkirsche das helle Frühjahr in der Hansestadt. Über die Verbindung zur Alster gelangen auch Fische in die Nähe der Liebesinsel, darunter Fluss-

Bootsverleih unter der Brücke zur Liebesinsel

barsche, Aale und Hechte. Rund um die romantische Mini-Insel leben Höckerschwäne, Blässhühner, Haubentaucher und Stockenten. Im Winter sind auch Reiherenten und Lachmöwen anzutreffen. Verschiedene Amphibienarten (Grasfrosch, Erdkröte, Teichmolch) nutzen die Gewässer im Stadtpark zur Eiablage.

HIGHLIGHTS

1 Das **NATURBAD STADTPARKSEE** (Südring 5 B) lockt pro Saison bis zu 55 000 Gäste an. Gebadet wird nicht in Alster-, sondern im Trinkwasser der Hamburger Wasserwerke, das regelmäßig durch Bäderland gefiltert wird. Sauberer geht's nicht.

2 **TRINKHALLE** und **KURGARTEN** im Stadtpark wurden für den Mineralwasserausschank im Sierichschen Gehölz ebenfalls nach den Plänen von Fritz Schumacher geschaffen. Säulenpappeln säumen den Zugang zum pavillonartigen Klinkerbau mit dem kleinen Kuppeldach. Hinter dem heutigen Café liegt ein Garten.

3 Das **PLANSCHBECKEN** ist erst nach der Eröffnung des Stadtparks entstanden. Das 1919 fertiggestellte Wasseroval ist in den Sommermonaten ein beliebter Treffpunkt für große und kleine Gäste. Am Planschbecken befindet sich ein Spielpatz (Seilbahn, Klettergerüste, Spielschiff).

4 Rund um den **PINGUIN-BRUNNEN** zeigt der Stadtpark seine beschauliche Seite. Die kreisförmige Anlage bildet den Eingang zu den Hecken- und Themengärten. Auf einem achteckigen Brunnentrog stehen sechs Pinguin-Figuren von August Gaul (1869–1921) um eine Fontäne herum. Die Originalfiguren und Repliken wurden immer wieder zerstört. In den Wintermonaten kommen die Antarktis-Bewohner nun an einen sicheren Hamburger Ort, damit sie in dieser Zeit nicht abermals zerstört werden.

5 In der **BOOTSVERMIETUNG** auf der Liebesinsel können Tret- und Ruderboote sowie Kanus ausgeliehen werden. Über den Goldbekkanal sind auch Touren in die Alster möglich.

WEITERE INFORMATIONEN

→ Bootsvermietung www.stadtparksee.de

23 SCHARHÖRN MIT NIGEHÖRN

Düneninseln im Wattenmeer

53° 57′ 42″ N, 8° 26′ 29″ O	31 ha	2,75 km	1,75 km	1	zugänglich	×	×	×
53° 56′ 53″ N, 8° 25′ 49″ O	rd. 58 ha	3 km	1,5 km	-	nicht zugänglich	×	×	×

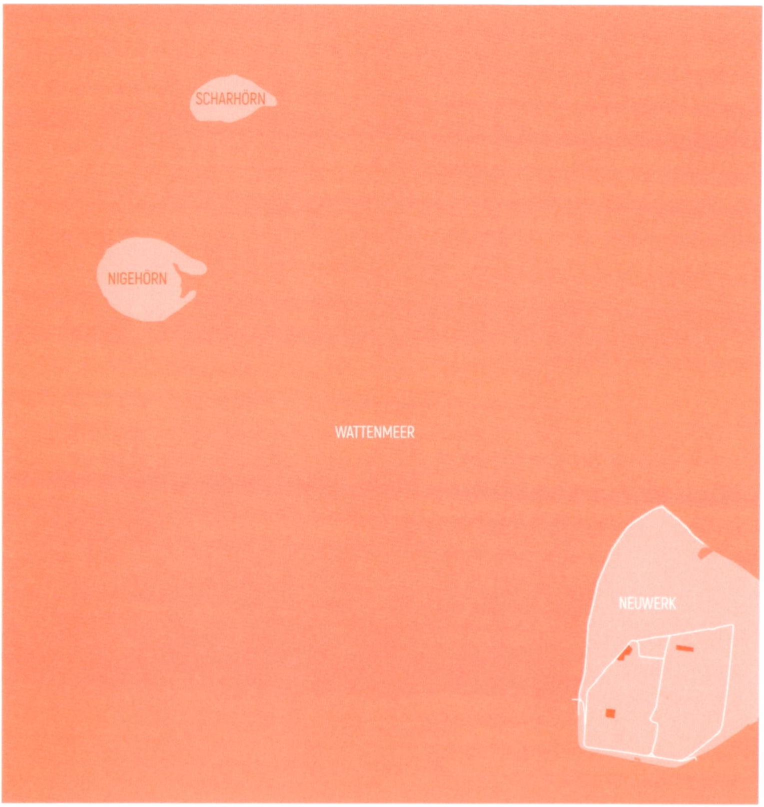

ENTERN UND ANKERN

Wie Perlen im Hamburgischen Wattenmeer liegen die beiden Düneninseln Scharhörn und Nigehörn nahe bei Neuwerk. Während auf der künstlichen Insel Nigehörn strengstes Betretungsverbot gilt, ist ein Besuch auf der Hamburger Vogelschutzinsel Scharhörn möglich. Vorher ist der Vogelwart zu informieren (Tel. 04721 28 584). Der sieben Kilometer weite und zwei Stunden lange Fußmarsch durch das Wattenmeer beginnt und endet auf Neuwerk. Der Aufenthalt beträgt rund eine Stunde – stets das Ende des Niedrigwassers im Blick. Bequemer erreichbar ist Scharhörn per Wattwagen (regionale Anbieter auf Neuwerk).

INSELBLICK

Achtung, Bandscheiben! 45 Minuten lang wird der Nationalpark-Ranger Thorsten Köster mit einem Trecker bei Niedrigwasser von Neuwerk zur Nachbarinsel Scharhörn fahren. Er sitzt in einem Anhänger auf einem Stuhl, neben ihm Kisten mit Lebensmitteln und Trinkwasser für den Vogelwart. Es ruckelt, es holpert, als würde es geradewegs über Schlaglöcher gehen. Endlich lässt das Schaukeln nach, der Traktor ist am Ziel. Dort wartet auch schon der junge Vogelwart Kilian Helmbrecht vor einem Wohncontainer auf Stelzen.

Alljährlich schreibt der Verein Jordsand, der den Betreuungsauftrag für beide Inseln hat, den Praktikanten/innen-Job aus. Die Aufgaben: Vögel gucken und zählen. Und bei Niedrigwasser die Gäste betreuen und das Müllmonitoring übernehmen. Die Station ist vom zeitigen Frühjahr bis Oktober besetzt. Wer hier als Vogelwartin oder Vogelwart arbeitet, hat einen der einsamsten Praktikanten-Jobs der Welt. Der Stelzen-Container besteht aber vorsorglich aus zwei Schlafzimmern mit Etagenbetten, verfügt über einen Gasherd, WLAN, Festnetzanschluss und einen Gaskühlschrank. Das Klo-Häuschen thront draußen und sollte ab Windstärke 10 lieber nicht mehr aufgesucht werden.

Bereits Anfang des 14. Jahrhunderts war Scharhörn den Seefahrern als gefährliches Riff bekannt. Die 31 Hektar große Insel, die auf einer Sandplate liegt, ist seit 1939 Naturschutzgebiet – und ständig durch Gezeiten, Wind und Wellen in Bewegung. Als wandernde Düneninsel, ist in der Nationalparkverwaltung Hamburgisches Wattenmeer zu erfahren, bewegt sie sich jährlich um zwölf Meter in südöstlicher Richtung. Auf der Seeseite wird Sand abgetragen und auf der Rückseite neuer Sand vom Wind abgelagert. Dort sind die Dünen vier Meter hoch. Weil alles dem freien Spiel der Natur überlassen wird, rückt Scharhörn mit der inzwischen 58 Hektar großen, unbewohnten Nachbarin Nigehörn immer enger zusammen. Beide sind bereits durch Salzwiesen verbunden.

Einzig Vogelwart und Behördenmitarbeiter dürfen Nigehörn betreten, das Geschöpf aus Menschenhand. Diese Insel, 1,5 Kilometer südwestlich von Scharhörn, erblickte 1989 das Licht der Welt. Sie sollte zum Biotop für Meeresvögel werden. In fünf Sommerwochen spülte ein Saugbagger 1,2 Millionen Tonnen Sand aus einem Priel auf die Sandbank. Danach wurden Zäune gesetzt, Büsche und Dünengräser gepflanzt. Den Rest besorgte Mutter Natur.

FAUNA UND FLORA

So viel Naturschutz zeigt Wirkung: Die Eiderente, durch ihre flauschigen Daunen bekannt, fliegt gern auf Scharhörn und Nigehörn. Die schwerste Ente der Nordsee (bis zu zwei Kilo) absolvierte 2021 auf beiden Inseln ihr Brutgeschäft mit einem Rekord. Der Vogelwart zählte 490 Brutpaare, fast die Hälfte der deutschen Eiderenten-Population. Derweil brüten auf Nigehörns

Zählturm auf Nigehörn

Salzwiesen Kormorane, weil sie hier ungestört sind. Normalerweise bauen sie ihre Nester auf Bäumen. Tausende von Nonnengänsen machen auf beiden Inseln beim Vogelzug regelmäßig Station. Dazu kommen Küstenseeschwalben, Flussseeschwalben, Brandgänse, Schneeammern und Raufußbussarde. Die beiden Hamburger Inseln im Wattenmeer sind ein Hotspot der Biodiversität.

GUT ZU WISSEN

Graue Regierungshubschrauber mit Stahlindustriellen und Chemiebossen an Bord kreisten im Sommer 1970 über Neuwerk. Der Hamburger Senat plante damals den Bau eines gigantischen Tiefwasserhafens zwischen Neuwerk und Scharhörn – zu einer Zeit, als das Wattenmeer weder Nationalpark, UNESCO-Weltnaturerbe noch Biosphärenreservat war. Um dem Konkurrenten Rotterdam die Stirn zu bieten und Schiffe mit einem Tiefgang von bis zu 20,5 Metern und einer Kapazität von 250 000 tdw (Ladetonnen) abfertigen zu können, favorisierte der damalige Wirtschaftssenator Helmuth Kern hier bereits in den 1960er Jahren einen solchen Tiefwasserhafen. Von Neuwerk sollte eine schnelle Eisenbahntrasse über das Wattenmeer bis Cuxhaven und von dort nach Hamburg führen. Die Pläne scheiterten 1979, die SPD in der Hansestadt stoppte das Milliardenprojekt. Zum Segen für die Natur.

HIGHLIGHTS

WATTENMEER: Wer Glück hat, entdeckt Seehunde beim Sonnenbad auf Sandbänken. Zu den Tieren ist mindestens ein Abstand von dreihundert Metern einzuhalten. Nach mehreren Krankheitswellen (Staupe) hat sich der Bestand erhöht. Gut 40 000 Seehunde leben im deutschen, niederländischen und dänischen Wattenmeer.

WEITERE INFORMATIONEN

→ Der Verein Jordsand betreut beide Inseln und ermöglicht Führungen von der Insel Neuwerk nach Scharhörn zu ausgewählten Terminen. www.jordsand.eu

24 NEUWERK

Hamburgs Vorposten im Meer

53° 55' 14" N, 8° 30' 1" O	3,3 km²	2,2 km	2,2 km	30	✓	✓	✓

24

ENTERN UND ANKERN

Ab Cuxhaven: Mit dem Schiff der Reederei Cassen Eils in zwei Stunden von der Alten Liebe (Navi: Bei der Alten Liebe 12) nach Neuwerk. Von Cuxhaven verkehrt bei ruhiger See das Wassertaxi »Wattn Taxi«. Beliebt ist die Anreise mit dem Pferde-Wattwagen (bei Ebbe, zehn Kilometer, eine Stunde). Neuwerk ist auch zu Fuß erreichbar (zehn Kilometer ab Sahlenburg, zwölf ab Cuxhaven-Duhnen). Vorher in den Tide-Kalender gucken und am besten eine geführte Tour buchen: kontakt@wattwanderenneuwerk.de

INSELBLICK

Nachts, wenn die Tagesgäste weg sind, gehört der Rundweg auf dem Deich dem Übernachtungsgast allein. Dunkelheit liegt über Neuwerk. Die gerade mal sechs Straßenlaternen spenden spärlich Licht. Nicht einmal der Radarturm sendet Lichtsignale. Man hört »des gärenden Schlammes geheimnisvollen Ton« (Theodor Storm) – und sieht hoch oben schimmernd das sternenflimmernde Firmament. In einer Stunde ist das platte Land umrundet.

Willkommen im Stadtbezirk Hamburg-Mitte. 3,3 Quadratkilometer groß und knapp dreißig Einwohner, im Sommer sind es mehr. Mitten im Nationalpark Hamburgisches Wattenmeer liegt seit Jahrhunderten der hanseatische Vorposten in der Nordsee, 120 Kilometer von der Stadt und rund zehn Kilometer vom Festland entfernt. Um die Elbmündung vor Piraten und fremden Mächten zu schützen, hatte Hamburg im Jahr 1299 mit den damaligen Besitzern, den Lauenburgischen Herzögen, einen Vertrag geschlossen. Seitdem gehört »O« (friesisch: Insel) zu Hamburg. Ein Jahr später begannen die Bauarbeiten für einen dreißig Meter hohen und drei Meter dicken Turm: Bollwerk, Leuchtturm und Fluchtburg bei Sturmfluten zugleich. Der Backsteinbau mit sieben Zimmern zum Übernachten gilt als Hamburgs ältestes profanes Gebäude. Nicht weit davon thronen auf einer Anhöhe zwei Kanonen aus der französischen Besatzungszeit. Einst warnten sie die Insulaner vor Gefahren.

Während die Neuwerker früher von der Landwirtschaft (Sommerweideplätze) lebten, ist es heute vor allem der Tourismus mit mehr als 120 000 Gästen pro Jahr. Wer länger als einen Tag bleibt, sollte wissen: Alles Lebensnotwendige – außer Strom – muss auf die Insel transportiert werden. So kommt das Trinkwasser aus Sahlenburg. Weil es keinen Supermarkt gibt, fehlt ständig etwas. Und so helfen die Nachbarn einander, wenn sie plötzlich Rum oder

24

Mehl brauchen. Doch manchmal ist auch das ausgegangen.

SEEMANNSGARN

Einmal, so erzählt man, verlor ein Containerschiff auf dem Weg zum Hamburger Hafen einen Container mit Zigaretten. Ein Mann soll ihn geöffnet haben. Offenbar mit dem Ziel, die Ware zu verkaufen, machte er sich auf den Weg nach Cuxhaven. Dort geriet er in eine Zollkontrolle. Mit der Ausrede, er wolle den Fund den Behörden übergeben, konnte er sich aus der Affäre ziehen.

GUT ZU WISSEN

Neuwerk liegt im UNESCO-Weltnaturerbe Wattenmeer. Durch diese Auszeichnung steht das Hamburgische Wattenmeer auf einer Stufe mit anderen Naturwundern wie dem Grand Canyon und dem Great Barrier Reef. 10 000 Tier- und Pflanzenarten leben im Wattenmeer. Mehr darüber können die Besucher im Nationalpark-Haus beim Insel-Ranger erfahren. Neuwerk steht übrigens für »Nige Wark« – als »Werk« zum Schutz des Handelsweges.

Skyline: Leuchtturm, Radarturm, Häuser

FAUNA UND FLORA

Auf den Salzwiesen im östlichen Vorland gewinnen wieder Strandflieder, Strandwermut und Strandaster ihr altes Terrain zurück. Durch den Bau des Sommerdeichs im Jahr 1925 waren sie von der salzigen Flut abgeschnitten worden. Die Errichtung des Nationalparks Hamburgisches Wattenmeer und die Öffnung der Ostschleuse brachten jedoch die Wende: Seitdem können die Gezeiten wieder in die Priele einströmen. Mehr noch: Tausende von Meeresgänsen legen beim Vogelzug regelmäßig Rast auf den Wiesen ein.

ESSEN UND TRINKEN

Kulinarisch ist Neuwerk Entwicklungsland. Zwar bieten die Restaurants hauseigene Gerichte wie einen leckeren Salatteller mit gebackenem Fisch an. Aber regionale Spezialitäten sucht der Feinschmecker vergebens. Es sei denn, er greift sommers wie winters zum Eiergrog. Der schwappte einst von Helgoland herüber.

ÜBERNACHTEN

Landwirte haben ihre Höfe auf Hotelbetrieb mit Restaurant und Bar umgestellt. Das Gastgeberverzeichnis umfasst knapp ein Dutzend Adressen, Strohlager inklusive. Wer eine oder mehrere Nächte auf der Insel schlummern will, sollte aber stets einen Plan B haben. Fällt nämlich die Schiffsverbindung wegen Sturms aus und die Watt-Kutsche dazu, muss man in die Verlängerung gehen.

HIGHLIGHTS

1 **LEUCHTTURM** (Insel Neuwerk 1): Zehn Jahre dauerte es, bis der maritime Koloss 1310 fertiggestellt wurde. Seit 1814 trägt er ein Leuchtfeuer für die Elbeschifffahrt. Wer die 138 Stufen erklimmt, hat einen Panoramablick bis zum Horizont.

2 Auf dem **FRIEDHOF DER NAMENLOSEN** wurden seit dem Jahr 1319 jene Schiffbrüchigen bestattet, die das Meer als Leichen anspülte. Heute werden Verstorbene auf dem Festland beigesetzt.

3 **INSELSCHULE** (Neuwerk 5): Schüler dringend gesucht! Weil keine schulpflichtigen Kinder mehr auf der Insel wohnten, wurde die Schule zum Ende des Schuljahres 2019/20 geschlossen.

WEITERE INFORMATIONEN

→ An- und Abreise www.cassen-eils.de
→ Übernachtungen www.hamburg-tourism.de

25

ALLERMÖHER SEE

Baden im »Sonnenbrillen-See«

53° 28′ 49″ N, 10° 9′ 45″ O

7 km

10 m

✓ ✓ ✓

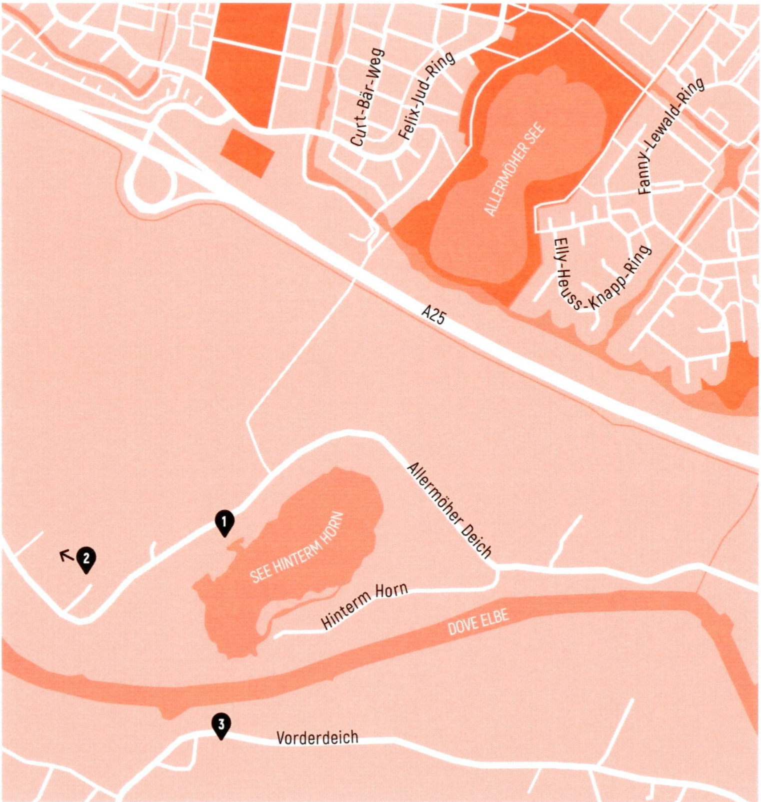

ENTERN UND ANKERN

Wer in Neuallermöhe (Bezirk Bergedorf) wohnt, hat es nicht weit. Wer von außerhalb kommt, steuert den Felix-Jud-Ring 400 an. Einen separaten Parkplatz für Badegäste gibt es nicht. Mit dem ÖPNV: Die Busse der Linie 12, 329 (ab Bahnhof Bergedorf) und der Nachtbus der Linie 629 (für Spätheimkehrer) fahren bis zum Wilhelm-Osterhold-Stieg. Von dort aus gut zehn Minuten Fußweg bis zum Badestrand Nord.

STRAND UND WASSER

Der Sonnenbrillen-See liegt im Stadtteil Allermöhe zwischen Neuallermöhe und Neuallermöhe-Ost, nördlich der Autobahn A25. Sonnenbrillen-See? Wenn eine Drohne bei Dämmerung über den sieben Hektar großen Baggersee fahren würde, entstünde ein Foto, das zwei rundliche Teilbecken zeigt. Vergleichsweise wie bei einer Sonnenbrille.

Den beliebten, aber auch gefährlichen Badesee gibt es seit 1984. Das Nordbecken entstand damals durch die Kies- und Kleigewinnung für das neue Wohngebiet Neuallermöhe-Ost. Beim Bau der Wohnungen im Westen in den Jahren 1990/91 wurde der See um ein etwa gleich großes südliches Becken erweitert – die andere Hälfte der Sonnenbrille. Heute leben in Neuallermöhe rund 24 000 Menschen. Die Lage an den Fleeten (Gesamtlänge: 15 Kilometer) mit ihren Brücken und die Nähe zum Badesee verleihen diesem Stadtteil in den Marschlanden einen besonderen Reiz.

Während wie bei vielen Baggerseen die Ufer abrupt ins Wasser fallen, führt der gut zweihundert Meter lange und zehn Meter breite helle Sandstrand an der Badestelle im Nordosten sanft ins kühle Nass. Der Nichtschwimmerbereich ist abgetrennt. Am Strand schließt sich eine große Liegewiese an. Toiletten, Duschen, Grillplatz und Spielplatz sind vorhanden, ebenso Rettungsring und Notrufsäule. In zwei schmucklosen Containern hat der Verein »SiWa – Sicheres Wasser e.V.« eine spartanische Bleibe. Die Badeaufsicht arbeitet von Juni bis August in der Zeit von 14 bis 19 Uhr sowie in den Sommerferien von 14 bis 19 Uhr. Am Nordwestufer gibt es zahlreiche Angelbuchten. Im südlichen Bereich herrscht allerdings striktes Angelverbot. Er ist als »Geschützte Grünanlage« (Schilf und Röhricht) ausgewiesen.

GUT ZU WISSEN

Der Allermöher See – er wird ausschließlich von Grund- und Regenwasser gespeist – birgt Gefahren. Allein in den Jahren 2010 bis 2021

25 kamen hier fünf Menschen ums Leben, darunter im Jahr 2021 binnen zwei Tagen zwei 17-jährige Flüchtlinge. Einer von ihnen war von einer Abbruchkante ins Wasser gestürzt. Ein 1,5 Meter hoher Gedenkstein weist auf Deutsch, Persisch, Türkisch, Polnisch und Russisch auf die Gefahren hin. »Sei wachsam«, steht darauf. Auf der dem See zugewandten Seite sind in lila Schrift diese Worte in Stein gemeißelt: »In Erinnerung an die jungen Menschen, die hier bei Badeunfällen ihr Leben verloren haben.« Der Verein Kommunikations- und Kunstverein Kokus e.V. in Neuallermöhe ließ den Stein 2014 auf Wunsch der Bürger anfertigen. Zudem warnen Piktogramme außerhalb der behördlich erlaubten Badestelle Nord vor steilen Abbruchkanten.

Auf Schildern heißt es zudem: »Sie sollten vom Baden absehen, wenn Sie eine starke grünliche Trübung des Wassers oder Blaualgenschlieren auf der Wasseroberfläche beobachten oder im knietiefen Wasser ihre Füße nicht mehr sehen.« Inzwischen sorgen Burgunderblutalgen für Aufsehen, die vor allem in der kälteren Jahreszeit das Wasser rötlich verfärben. Sie können auch bei Hunden allergische Reak-

Warn-Stein am Allermöher See

tionen, Durchfallerkrankungen und Leberschäden auslösen. Wenn es abermals, wie bereits 2021 mit geringen Algen-Konzentrationen, zu diesem wintertypischen Phänomen kommt, sollten Hunde auf keinen Fall in Kontakt mit dem Wasser geraten.

LANDGANG UND TINGELTANGEL

Und jetzt: noch ein See! Auf der anderen Seite der A25 schlummert der zehn Hektar große See Hinterm Horn (Allermöher Deich 224). Auch er birgt mit Abbruchkanten Gefahren, kann aber am nordwestlichen Ufer mit dem 140 Meter langen und 20 Meter breiten Sandstrand offiziell zum Baden genutzt werden. Seine Wasserqualität gilt, wie beim Allermöher See, als ausgezeichnet. Der See Hinterm Horn entstand 1978 bis 1982 durch Sandabbau für die Aufhöhung des Neubaugebiets Allermöhe. Auch er wird ausschließlich aus Grund- und Regenwasser gespeist. Angeln ist verboten, Tauchen erlaubt.

FLORA UND FAUNA

Wasserflöhe, Ruderfußkrebse und Rädertiere bevölkern den Allermöher See, in dem sich Barsche, Schleie, Zander, Hechte und Karpfen tummeln. Zu den verbreiteten Wasserpflanzen zählen Laichkräuter, Wasserpest und Tausendblatt, an den Ufern wachsen Röhrichte und kleine Bruchwaldbereiche.

HIGHLIGHTS

1 Der See **HINTERM HORN** (Allermöher Deich 274) lädt am nordwestlichen Ufer zum sommerlichen Baden ein. Dem Westufer sind zwei kleine Inseln vorgelagert.

2 Im Glockenturm der **DREIEINIGKEITSKIRCHE ALLERMÖHE** (Allermöher Deich 97) hängen die ältesten Glocken in den Marschlanden. Sie heißen »Osanna« (1483) und »Bieber-Glocke« (1735, Bußglocke), die neue Glocke »Schalom« (1992).

3 Die **REITBROOKER MÜHLE** (Vorderdeich 11) stammt aus dem Jahr 1870 und befindet sich in Familienbesitz. Das Unternehmen verkauft Futter- und Düngemittel, Saaten, Erden und Mehl auch an Privatkunden.

WEITERE INFORMATIONEN

→ Reitbrooker Mühle www.reitbrooker-muehle.de
→ Wasserrettungs- und Sanitätsdienste www.siwa-ev.de
→ Stadtteilzeitung www.neuallermoehe.de

26

STRAND AM BOBERGER SEE

Im Windschatten der Wanderdünen

53° 30′ 53″ N, 10° 8′ 9″ O

↔	↕	Toilette	Essen	Hund
16 m (Badestelle Nord)	3 m (Sand), dahinter Wiesen	✓	✕	✕

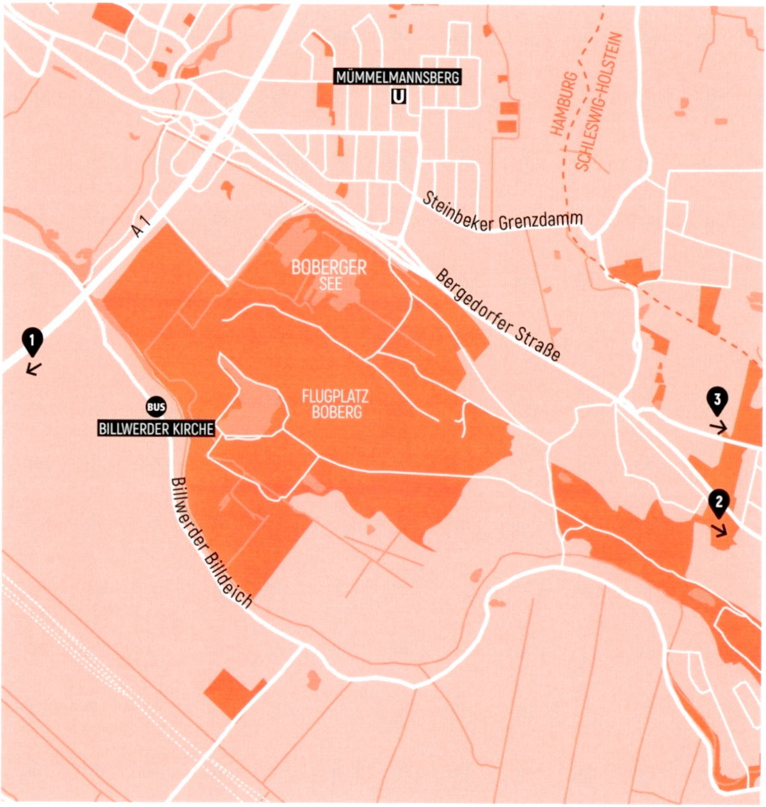

26

ENTERN UND ANKERN

Mit der S-Bahn-Linie 21 geht es bis zur Haltestelle Mittlerer Landweg. Von dort mit der Buslinie 330 Richtung Billstedt, Haltestelle Billwerder Kirche. Navigationsadresse: Billwerder Billdeich 142 (Kirche). In der Nähe sind kostenlose Parkplätze vorhanden. Von dort führt der Weg über die Bille in rund zehn Fußminuten zum Strand Boberger See. Der Boberger See liegt am Fuße eines Geesthangs und wird von einer schmalen asphaltierten Straße umgeben, von der Trampelpfade abgehen.

STRAND UND WASSER

Unter Bäumen schmusen verliebte Paare. Gerade sind sie von einem erfrischenden Bad im Boberger See auf die Liegewiese zurückgekehrt. Im Hochsommer wird es am schmalen Sandstrand des bis zu 11,5 Meter tiefen und 71 800 Quadratmeter großen Sees ziemlich eng. Doch angrenzende Wiesen und Trockenrasen bieten genügend Platz für die Besucher. Wer in Mümmelmannsberg oder Billwerder wohnt, findet hier mit kurzen Anfahrtswegen, umsonst und draußen, Erholung pur. Der See im Stadtbezirk Bergedorf entstand durch Baggerarbeiten in den 1950er Jahren und wird ausschließlich durch Grund- und Regenwasser gespeist. Damals brauchte man dringend Sand für den Bau der Bundesstraße 5. Die Wasserqualität haben Behörden mehrere Jahre lang in Folge mit der Bestnote »ausgezeichnet« bewertet. Das Wasser gilt als »weich«, und die Nährstoffeinträge sind gering. Bei starkem Badebetrieb könne es allerdings kurzfristig zu erhöhten Keimzahlen im Wasser kommen.

Der See ist die Heimat der umtriebigen Gabelschwanzlarven (Zerkarien). Auf der Suche nach einem Endwirt (Wasservögel) schwärmen sie in Ufernähe im Flachwasser aus. Sie können beim Menschen einen leicht juckenden, aber ungefährlichen Hautausschlag (Badedermatitis) auslösen. Ein Hinweisschild am Ufer rät: »Zur Vermeidung eines Kontakts mit Zerkarien sollten Sie auf einen längeren Aufenthalt in Flachwasserbereichen mit Ufervegetation verzichten.«

LANDGANG UND TINGELTANGEL

Tingeltangel? Fehlanzeige. Dafür Natur pur. Vor circa 10 000 Jahren formte die letzte Eiszeit die Boberger Niederung, die den Baggersee umsäumt. Nicht weit davon erstreckt sich ein einzigartiges Biotop: Wanderdünen. Als einst die Gletscher zu schmelzen begannen, wehte ein starker Wind den Schmelzwas-

26

sersand in den Osten der heutigen Hansestadt Hamburg, dorthin, was heute Boberg ist. Auf diese Weise entstanden die großen Dünen – fast so schön wie in Maspalomas auf Gran Canaria. Spaziergänger wähnen sich im sonnigen Süden, wenn sie im Hochsommer den heißen Sand unter den Füßen spüren. Vier Rundwege führen durch die Landschaft (Dünen-, Moor-, Terrassen- und Wiesenweg), ein schöner Ausklang nach einem erfrischenden Bad im Boberger See. Im Nordosten des Sees kann hinter einer Absperrung regelmäßig reger Flugverkehr beobachtet werden. Das Segelfluggelände Boberg (Weidemoor 21) ist fest in der Hand des HAC Boberg e.V., eines der größten Segelflugvereine Deutschlands. Interessierte Gäste können sogar mitfliegen (fünfzehn Minuten kosten vierzig Euro).

STRANDGEFLÜSTER

Auch Nudisten haben den Süden des Boberger Sees entdeckt und liegen entfernt vom Strand hinter Bäumen und Büschen nackt am Ufer. Immer wieder muss allerdings nach Belästigungen und Anzeigen die Polizei eingreifen, weil Exhibitionisten es mit

Blick auf den bis zu elf Meter tiefen Boberger See

der Freizügigkeit weiter treiben als die Anhänger der Freikörperkultur. Die Ordnungshüter haben angekündigt, mit Reiterstaffeln verstärkt Präsenz zu zeigen.

FAUNA UND FLORA

Seit 1991 ist die Boberger Niederung Naturschutzgebiet. Auf dem 350 Hektar großen Gebiet bilden Geesthang, Moorgebiet, große Dünen, Heide- und Marschland eine der artenreichsten Grünflächen in Hamburg. Die Boberger Dünen sind die Bühne der größten Nachtigallen-Population Hamburgs. Und in den Trichtern der Dünen lauern Ameisenlöwen (die Larven der Ameisenjungfern, einer Netzflüglerart). Im See tummeln sich Karpfen, Hechte, Moderlieschen und Gründling. Ein dichter, schmaler Baumbestand (Birken, Erlen, Eichen) umgibt den See.

HIGHLIGHTS

1 **IKEA MOORFLEET** (Unterer Landweg 77): Wohnst du noch oder lebst du schon? Nach dem Strandbesuch eine sehr gute Idee: Zum Abschluss lecker schwedische Spezialitäten genießen – im Restaurant des Einrichtungshauses Ikea. Ein Muss: Köttbullar (Hackfleischbällchen, grüne Erbsen, Rahmstoße, Kartoffelpüree und Preiselbeeren). Oder Graved Lachs mit Salat und Senfsoße. Weil Schwimmen hungrig macht, am besten beides.

2 **BERGEDORFER STERNWARTE**, August-Bebel-Straße 196. Hier steht eines der größten Fernrohre Deutschlands, der Große Refraktor mit einem Objektivdurchmesser von neun Metern. Das Parkgelände kann an den Wochenenden kostenlos besichtigt werden. Regelmäßig werden astronomische Veranstaltungen angeboten.

3 Der Park von **SCHLOSS REINBEK** (Schlossstraße 5). Ein Mini-Wasserfall unter der Brücke am Mühlenteich versetzt den Spaziergänger mit viel Fantasie an die Niagarafälle. Herzog Adolf (1526–1586) ließ rund um das Renaissanceschloss einen weitläufigen Park anlegen – auf der einen Seite im Stil eines englischen Landschaftsgartens, auf der anderen Seite als Küchengarten mit Salbei, Lavendel, Thymian und Tulpen.

WEITERE INFORMATIONEN

→ Geschichte der Boberger Niederung www.loki-schmidt-stiftung.de/boberg
→ Schloss Reinbek www.schloss-reinbek.de
→ Gastronomie im Schloss Reinbek www.schloss-reinbek.de/de/vermietung/bringe-zus-schlossrestaurant
→ Hamburger und Bergedorfer Sternwarte www.physik.uni-hamburg.de

27

EICHBAUMSEE

Wo Menschen und Hunde draußen bleiben müssen

53° 29′ 6″ N, 10° 6′ 11″ O

460 bzw. 280 m

10 m

✓

✓

Badeverbot für Mensch und Hund!

ENTERN UND ANKERN

Mit dem ÖPNV: S-Bahn 21 bis zur Haltestelle Mittlerer Landweg, von dort aus 45 Minuten Fußweg bis zur Badestelle Eichbaumsee-Ost. Das hält fit! Oder mit dem Bus 321 (Richtung Nettelnburg), Haltestelle Eichbaumsee, danach sechs Minuten langer Fußweg. Auch der Bus 230 (Richtung Billstedt) führt zum Ziel, Haltestelle Hans-Duncker-Straße (Mitte), danach zwanzig Minuten Fußweg. Mit dem Auto: Moorfleeter Deich, Hamburg. In Seenähe gibt es drei große kostenlose Parkplätze.

STRAND UND WASSER

Die wahre Regentin des Eichbaumsees in den Vier- und Marschlanden ist die Blaualge. Eigentlich handelt es sich dabei um keine Alge, sondern um toxische Cyanobakterien, die den blauen Farbstoff Phycocyanin produzieren und die Gewässer samt Chlorophyll blau-grün färben. Seit die Blaualgen 2008 ihre Herrschaft über den einst beliebten, 24 Hektar großen und 16 Meter tiefen Badesee übernommen haben, ist das Planschen in diesem Gewässer verboten. Gesundheitsgefahren für Menschen – insbesondere kleine Kinder – und für Hunde drohen. Wer in Kontakt mit diesen Bakterien kommt oder das kontaminierte Wasser verschluckt, muss mit Reizungen von Haut und Schleimhäuten, Durchfällen, Fieber, allergischen Reaktionen, Bindehautentzündungen, Ohrenschmerzen und Atemwegserkrankungen rechnen. Puh!

Dass der Eichbaumsee dennoch in dieses Buch aufgenommen wurde, liegt am Prinzip Hoffnung. Vielleicht gelingt es der Hansestadt eines Tages, das Badegewässer zu retten. Jedenfalls wird es weiterhin (Stand: 2021) in der Liste der EU-Badegewässer geführt. Allerdings schlugen bisherige Rettungsversuche fehl: Die Blaualge erweist sich als harte Nuss. Weder eine Tiefenwasserbelüftung noch Umwälzpumpen, Hechtbesatz und zweihundert Tonnen Bentophos konnten der Plage Herr werden. Gerade mit dem Phosphatbinder Bentophos wurden bei mehreren Gaben in den Jahren zwischen 2010 und 2013 mancherlei Hoffnungen verknüpft – vergeblich. Zwar ging die Phosphorkonzentration zurück, doch die Blaualgen wollten nicht weichen. Stattdessen kam es danach im Jahr 2012 zu einem Fischsterben. Der Hersteller wies einen Zusammenhang mit dem Einsatz des Produkts zurück. Bislang sind jedenfalls alle Versuche, den kranken See zu retten, gescheitert. Womöglich schöpft die Politik nun Hoffnung aus einer neuen Studie von Studierenden der Universität Kiel. Sie wollen heraus-

27

gefunden haben, dass der Eintrag von Phosphaten aus dem Marschboden stammt und damit nicht menschengemacht ist.

GUT ZU WISSEN

Der Eichbaumsee entstand in den 1970er Jahren nach dem Sandabbau in einem Seitenarm der Dove Elbe. Nach dem Ende der Baggerarbeiten wurde der See durch einen Damm von der Dove Elbe getrennt.

LANDGANG UND TINGELTANGEL

Die Zeiten, in denen pro Saison 50 000 Badegäste an den Eichbaumsee strömten, ist vorerst vorbei. So beschränkt sich der Landgang darauf, über den 460 Meter langen und zehn Meter breiten Sandstrand (Badestrand Ost) und den 280 Meter langen und ebenfalls zehn Meter breiten Nordstrand zu laufen und davon zu träumen, wie schön es wäre, ganz ohne Blaualgen-Herrschaft in den Fluten zu schwimmen. Wer wenige Minuten weiter Richtung Dove Elbe läuft, entdeckt einen Wasser-

Badeverbot am Strand Eichbaumsee

park. Etliche Bootsstege laden zum Verweilen und Sonnenbaden ein, während Kanuten und Ruderer des nahen Regattazentrums trainieren. Unmittelbar am Eichbaumsee steht die beliebte Strandbude »Robin am See« (Moorfleeter Deich 583) ohne viel Schnickschnack, aber mit Beach-Club-Feeling pur. Für Hundebesitzer ist die Hundeauslaufzone am Eichbaumsee (Höhe Moorfleeter Deich 484) zu empfehlen.

FAUNA UND FLORA

Zum Glück gibt es nicht nur Cyanobakterien, sondern auch ungefährliche Kieselalgen, Schlundgeißler und Panzerflagellaten im Phytoplankton. Um den See aufzuwerten, wurden Uferzonen mit Röhrichten, Sumpf- und anderen Pflanzen geschaffen. Im tiefen Wasser schwimmen Karpfen, Hechte und Zander.

HIGHLIGHTS

1 Die **DOVE ELBE** (von niederdeutsch dov = taub) ist ein 18 Kilometer langer Nebenarm der Elbe. Er wurde durch den Bau der Tatenberger Schleuse im Jahr 1952 vom Gezeitenstrom getrennt und hat sich seitdem zu einem einzigartigen Lebensraum entwickelt. Die Pläne, die Dove Elbe wieder für den Strom zu öffnen und somit dem Schlick-Problem im Hafen zu begegnen, konnten gestoppt werden.

2 Bei **THALMANN BOOTE** (Moorfleeter Deich 316) schlägt das Herz der Skipper und bei solchen, die es werden wollen, höher. Hier können Boote nicht nur gekauft, sondern auch gemietet werden (stunden- und wochenweise). Im Angebot sind 15-PS-Boote ohne Führerscheinpflicht. Beliebt bei Inhabern des Sportbootführerscheins: 40-PS-Außenborder.

3 Der **ERLEBNISBAUERNHOF BURMESTER** (Moorfleeter Deich 373) bietet Wanderungen mit Alpakas an. Die Herde besteht aus fünf Tieren. Wohin die Tour führt? Natürlich an den Eichbaumsee – Lama-Führerschein, Schnaps (2cl) oder ein Erfrischungsgetränk inklusive.

WEITERE INFORMATIONEN

→ Erlebnisbauernhof Burmester www.erlebnis-bauernhof-burmester.de

→ Infos zur Regattastrecke auf der Dove Elbe www.alsterclub.de

→ Familiär geführtes Restaurant mit Hotel www.zum-eichbaum.de

28

ELBSTRÄNDE

Juwelen am Strom

53° 32′ 39″ N, 9° 54′ 36″ O (Övelgönne) bis 53° 33′ 54″ N, 9° 45′ 25″ O (Rissener Ufer)

↔ 11 km (3,35 km Sandstrand)

↕ bis zu 80 m

✓ ✓ ✓

ENTERN UND ANKERN

Beachclub **STRANDPAULI** (St. Pauli Hafenstraße 89, St. Pauli): S-Bahn Richtung Wedel oder S3 Richtung Pinneberg bis zu den Landungsbrücken. Ausgang Hafenstraße, nach 350 Metern ist StrandPauli zu sehen (gegenüber Blohm + Voss, Dock 10).

MUSEUMSHAFEN ÖVELGÖNNE: Vom Bahnhof Altona fährt der Bus 113 in knapp zehn Minuten nach Neumühlen/Övelgönne. Man kann aber auch die Fähre 62 (ab Landungsbrücken, Brücke 3) nehmen und steigt am Anleger Neumühlen/Övelgönne aus. Die Fahrzeit beträgt rund zehn Minuten.

HINDENBURGSTRAND: Mit dem Bus der Linie 215 ab Bahnhof Altona (Ausstieg: Parkstraße).

Zum Anleger **OP'N BULLN** (Blankenese, Strandweg 30): S1 bis Bahnhof Blankenese. Weiter mit dem 488er-Bus bis Blankenese (Fähre). Mit der Elbfähre »Altona« ab Cranz (Altes Land) nach Blankenese.

FALKENSTEINER UFER: Am besten mit dem Fahrrad (ab Fischmarkt immer an der Elbe entlang) oder mit »Öffis«. Zum Beispiel mit der S1 ab Hauptbahnhof bis Rissen, dann mit dem 388er-Bus zum Falkensteiner Ufer (ElbeCamp).

RISSENER UFER/WITTENBERGEN: S1 bis Blankenese, dann mit dem 189er-Bus bis Tinsdaler Kirchenweg (danach gut zwanzig Minuten Fußweg) oder mit dem Auto (Rissener Ufer). Die Parkplätze sind häufig komplett belegt.

STRAND UND WASSER

Der Elbstrand ist Sehnsuchtsort der Hamburger. Während am südlichen Ufer der Motor der Hafenmaschinerie niemals verstummt, findet an der nördlichen Seite hanseatische Lebensfreude ihren Ort. Ob Millionäre, Azubis, junge Familien mit Kindern, Großväter mit Rollatoren und Hundehalter – die Strände bieten Vergnügen für alle, ganz unabhängig vom Geldbeutel. Radfahrer, Jogger, Flaneure, Schiffsgucker, Sunset-TikToker, Leute in Partylaune und Badelustige zieht es zwischen Övelgönne und Wittenbergen

an den rund elf Kilometer langen Strand (inklusive Vorlandflächen).

Die Hamburg Port Authority (HPA) ist für die Elbstrände verantwortlich und unterscheidet am Nordufer zwischen »echten« Strandflächen ohne Böschungen und Vorlandflächen – das sind unbefestigte Grün- und Sandflächen, die zum Elbstrom hin mit einer befestigten Uferböschung gesichert sind. An diesen Stellen ist ein direkter Zugang zum Wasser nicht möglich. Wer pures Sandstranderlebnis genießen will, ist an diesen Abschnitten nach Einteilung der HPA genau richtig:

- Övelgönne (600 Meter Strand, Vorland 350 Meter)
- Hans-Leip-Ufer (500 Meter Strand, 1,4 Kilometer Vorland)
- Strandweg (250 Meter Strand, 1,9 Kilometer Vorland)
- Falkensteiner Ufer (1,35 Kilometer Strand, 400 Meter Vorland)
- Rissener Ufer (650 Meter Strand, 1,1 Kilometer Vorland)
- Der Elbuferweg bietet dagegen keinen Strand, sondern ausschließlich 2,4 Kilometer langes Vorland.

So einladend die Strände auch sind und besonders für den Besuch der Osterfeuer zum beliebten Ausflugsziel werden, so ausladend ist der Strom. Containerfrachter und andere Schiffe sorgen für Sog und Schwell und können Badende dadurch erheblich gefährden. Dazu kommen die Gezeiten. Beim Einsetzen der Flut beträgt die Strömungsgeschwindigkeit rund 4,5 Kilometer pro Stunde. Ein geübter Schwimmer schafft jedoch nur etwa drei Kilometer.

Neben den Sicherheitsbedenken entspricht die Elbe an den Hamburger Stränden aufgrund mangelnder Badewasserqualität nach Behördenangaben nicht der EU-Badegewässerrichtlinie. Durch die Ausbaggerarbeiten werden zum Beispiel auch Altlasten, die lange auf dem Grund des Flusses bzw. der Hafenbecken liegen, aufgewirbelt und weitertransportiert, u.a. Quecksilber. Mehr noch: Die bakterielle Belastung überschreitet insbesondere nach starken Regenfällen die Grenzwerte. Dann fließt Mischwasser aus dem Sielnetz in die Elbe. Deshalb rät die Hamburger Umweltbehörde vom Baden ab.

Und wer nun doch baden gehen will? Grundsätzlich gilt: Das Baden in Hamburgs Gewässern fällt unter den sogenannten Gemeingebrauch. Das ist Behördendeutsch und bedeutet: »Es darf überall dort gebadet werden, wo es nicht unzulässig ist.« Jeder Badende muss die Risiken daher selbst einschätzen – und vorher auf örtliche Verbots- und Warnschilder schauen.

LANDGANG UND TINGELTANGEL

Erste Reihe: Elbstrand. Zweite Reihe: Lotsen- und Kapitänshäuser. Wir sind in **ÖVELGÖNNE**, dem Entree ins elf Kilometer lange Elbstrandparadies. Wer im Museumshafen Övelgönne (Fähranleger Neumühlen) startet und dem schmalen Weg (er heißt ebenfalls Övelgönne) mit den schmucken, kleinen Häusern folgt, vor denen noch im November rote Rosen blühen, gelangt bis nach Blankenese. Die historischen Schiffe des Museumshafens (u.a. der Eisbrecher »Stettin« und das Feuerschiff »Elbe 3«) stimmen auf die Hafenszenerie ein. Auf dem Ponton kann man Fischbrötchen und einen Pott Kaffee kaufen. Diese Stärkung reicht bestimmt bis zum nächsten Halt. Die Strandperle (Övelgönne 60) ist Beach-Bar mit nordischem Puderzuckersand, Sunset-Klassiker und Trutzburg bei Schietwetter. Selbst wenn das Restaurant an Wintertagen geschlossen hat, finden Eisbader im Windschatten einen Aufwärmort.

Am **HANS-LEIP-UFER** (auf der Höhe Elbchaussee 114) zieht ein 217 Tonnen schwerer, zwanzig Meter dicker und 4,50 Meter hoher Koloss am Sandstrand die Blicke auf sich. Der 1,8 Milliarden Jahre alte Riese gelangte per Gletschertransport während der Eiszeit vor 400 000 Jahren von Südschweden über die Ostseesenke in die Elbregion und wurde bei Baggerarbeiten zur Elbvertiefung 1999 gefunden. Die Hamburger bürgerten ihren Migranten schnell ein und nennen ihn »Alter Schwede«.

Rissen/Wittenbergen: Leuchtturm am Sandstrand

Elbabwärts folgt der nächste schöne, mit Weiden bewachsene Strandabschnitt unterhalb des Hindenburgparks – der eher wenig frequentierte »Hindenburgstrand« (mit Hängematten-Feeling). Quirliger geht es dagegen in Teufelsbrück (Fähranleger Teufelsbrück) mit dem kleinen Strand zu. Wer beim Flugzeugbauer Airbus arbeitet, steigt hier in die HADAG-Fähre 64. Beliebt sind das Restaurant Engel auf dem Ponton und der 43 Hektar große Jenischpark in der Nähe. Viele Bäume dort sind älter als zweihundert Jahre.

Das Herz von Blankenese schlägt im Sommer am **STRANDWEG** – und damit sind wir bereits am nächsten großen Abschnitt, der es inklusive Vorland auf eine Länge von 2,1 Kilometer bringt. Unweit des Römischen Gartens mit Blick auf den Leuchtturm Blankenese findet hier jeder ein sonniges Plätz-

28

chen. Auf dem Anleger Op'n Bulln (Strandweg 30) sind das Restaurant FISCHclub – mit französisch inspirierter Küche (Bouillabaisse) – und die Kajüte S.B. 12 (Strandweg 79) mit Freisitz am Strand (empfehlenswert: Matjes mit Bratkartoffeln) sehr beliebt.

Weiter westlich in Richtung **FALKENSTEINER UFER** lugt bei Ebbe das Heck des Schiffswracks »Uwe« aus dem Wasser. Das Binnenschiff kollidierte 1975 mit einem polnischen Frachter, zwei Crewmitglieder starben.

Vom Falkensteiner Ufer bis zum Leuchtturm **RISSEN/WITTENBERGEN** erstreckt sich dann der letzte Abschnitt, eine einzigartige tideabhängige Landschaft aus Sand und grünem Vorland. Nirgendwo ist Hamburgs Horizont weiter, der Strand schier unendlich. Vom Falkensteiner Ufer bis zum Rissener Ufer beträgt die Länge des Sandstrands immerhin zwei Kilometer. Mittendrin: das ElbeCamp, ein Klassiker für große und kleine Camper. Für die Sicherheit der Badegäste sorgt am Rissener Ufer eine Wasserrettungsstation der Deutschen Lebens-Rettungs-Gesellschaft.

GUT ZU WISSEN

Den Fischen in der Elbe geht in heißen Sommern immer häufiger die Luft aus. Wenn der Sauerstoffgehalt unter drei oder vier Milligramm pro Liter Wasser sinkt, ersticken sie. Ursache sind unter anderem gestiegene Wassertemperaturen, Algenwachstum, Baggerarbeiten in der Elbe zum Fahrrinnenerhalt und die Elbvertiefung. Die gravierendsten Sauerstofflöcher wurden 1970 und 1985 registriert, wie beim Förderkreis »Rettet die Elbe« zu erfahren ist. Das war jene Zeit, als Betriebe in der ehemaligen DDR und in Tschechien den Fluss erheblich verunreinigten. Seit der achten Elbvertiefung (1998/99) stellen Experten wieder längere Perioden mit Sauerstoffmangel fest. Die Sauerstofflöcher werden häufiger, die Knappheit massiver und die Flächen größer (bis zu 15 Kilometer lang). Die jetzige (neunte) Elbvertiefung trägt zur Verschärfung der Probleme bei.

NATUR UND UMWELT

Die Hamburger Stadtreinigung gibt jährlich 450 000 Euro aus, um den Müll am Strand zwischen Övelgönne und Wittenbergen zu beseitigen. Flaschen, Tüten, Plastik, Grillschalen, Flip-Flops, Relikte langer Partynächte. An einem Sommerwochenende kommen drei Tonnen Müll zusammen. Auch NABU-Mitglieder sind immer wieder ehrenamtlich dabei, Müll einzusammeln. Das Bezirksamt Altona weist wegen der vielen Hinterlassenschaften ausdrücklich darauf hin: Der Elbstrand (Nordufer) ist als Landschaftsschutzgebiet ausgewiesen. Wer Veranstaltungen von mehr als zwanzig Personen plant, braucht dafür eine landschaftsschutzrechtliche Genehmigung vom Bezirksamt Altona.

HIGHLIGHTS

1 Das **ELBECAMP** (Falkensteiner Ufer 101) liegt unterhalb des etwa einhundert Meter hohen bewaldeten Geesthangs. Langfristige Reservierungen werden dringend empfohlen. Beliebt bei Campern und Spaziergängern ist das Café und Restaurant Lüküs (in der Hauptsaison von 8 bis 21 Uhr geöffnet). Unbedingt probieren: Pommes!

2 Der **RÖMISCHE GARTEN** (Falkensteiner Ufer 26) bietet schattige Plätze dreißig Meter hoch über der Elbe – ein mediterran gestaltetes Areal, das an die Sommerresidenz des Papstes in Castel Gandolfo erinnert.

3 Die **ELBCHAUSSEE** war für den Dichter Detlev von Liliencron (1844–1909) die »schönste Straße der Welt«. Prachtvolle Villen und Parkanlagen säumen die Straße. Wer hier residiert, genießt hohes Sozialprestige.

4 Das **JENISCH HAUS** (Baron-Voght-Straße 50) entstand nach Entwürfen von Karl Friedrich Schinkel und Franz Gustav Forsmann. Der ehemalige Landsitz des Senators Jenisch bietet Einblicke in die hanseatische Wohnkultur des 19. Jahrhunderts.

5 Das **LANDHAUS SCHERRER** (Elbchaussee 130) von Sternekoch Heinz O. Wehmann serviert norddeutsche Küche auf höchstem Niveau. Vierländer Ente mit krosser Haut und zartem Fleisch sind das Aushängeschild.

6 Im Beachclub **STRANDPAULI** (St. Pauli Hafenstraße 89, viele Liegestühle) erwartet die Gäste karibische Wohlfühlatmosphäre. Vierbeiner sind nicht erwünscht.

WEITERE INFORMATIONEN

→ Campingplatz www.elbecamp.de
→ Informationen über Ebbe und Flut www.hafen-hamburg.de/de/gezeiten
→ Das Kooperations-Projekt sammelt u.a. Unrat und klärt über Risiken am Elbufer auf. www.koala-hamburg.de/strandlaeufer

29 ENTENWERDER

Strand mit Goldenem Pavillon

53° 31′ 45″ N, 10° 2′ 16″ O | ↔ 60 m (Ponton) | ↕ 10 m | ✓ | ✓ | ✓

29

ENTERN UND ANKERN

Der Weg zu einem Strand, der eigentlich ein Ponton ist, beginnt am Hauptbahnhof. Mit der S3, übrigens der längsten S-Bahn-Linie Hamburgs, geht es Richtung Kraftwerk Tiefstack bis zum Billhorner Deich. Danach folgt ein Fußweg von zehn Minuten. Oder mit dem Bus 120 vom ZOB bis zum S-Bahnhof Rothenburgsort, von dort mit dem Bus 540 (Schule Mittlerer Landweg) bis zum Entenwerder Stieg. Drei Minuten später ist man am Ziel. Gesamtzeit: rund 25 Minuten. Wer mit dem Auto fahren will: Entenwerder 1. Kostenlose Parkplätze in geringer Zahl in der Nähe.

UFER UND PONTON

Wenn der Sommer naht, rascheln die Pyramidenpappeln im Wind. Sie säumen die Wege auf der Halbinsel Entenwerder. Wo kleine Boote an einer Slipstelle in die Norderelbe rutschen, besteht der Strand aus grauen, schwarzen Gesteinsbrocken, die vor der Gewalt des Wassers schützen sollen. Zum Baden sind die Ufer, die harsch und abschüssig an den Elbpark Entenwerder anschließen, in keiner Weise geeignet. Aber es lockt auf Entenwerder, ehemals Sitz einer Zollstation zur Kontrolle der Binnenschiffe, ein schwimmendes Eiland zum Träumen – ein »Strand« als Ponton am »Goldenen Pavillon«. Vor einigen Jahren hätte niemand gedacht, dass dieser südlichste Zipfel des Stadtteils Rothenburgsort aus dem Dornröschenschlaf erwachen würde. Es waren Thomas Friese, Gründer des Hamburger Mode-Unternehmens Thomas i-Punkt, und seine Tochter Alexandra Friese, die sich in den spröden Charme Entenwerders verliebten. Dazu kam, dass die Firma in Rothenburgsort ihren Sitz hat, weshalb sich beide besonders verpflichtet fühlten, Entenwerder aufzupolieren.

So entstand 2015 ein fast zwölf Meter hoher, begehbarer »Goldener Pavillon«, der Raum für Kultur, Kunst, Kulinarisches und zum Verweilen bietet. Das zum Restaurant umgebaute Kunstwerk hat drei Ebenen, ist elf Meter lang und sechszehn Meter hoch. Das glänzende Bauwerk aus gelochtem Messing war zuvor in Münster Teil des Kunstevents »Skulptur Projekte« (2007). Wer über eine kleine Brücke läuft, steht auf einem sechshundert Quadratmeter großen Ponton und damit mitten im beliebten »Café Entenwerder«. Mit Blick auf die Industrieromantik der Norderelbe und die Peuteinsel lässt sich bei einem Latte macchiato, Nizza-Salat oder Eintopf das Leben aus schwimmender Perspektive genießen. Außerhalb des Res-

29

taurantbereichs laden Freisitze zum Träumen ein. Einmal in der Woche werden auf dem Ponton Biogemüse und Obst verkauft.

LANDGANG UND TINGELTANGEL

Folgen Sie dem Rauschen der Pappeln! Ein Spaziergang durch den 1997 fertiggestellten Elbpark Entenwerder, östlich der Norderelbbrücken, führt durch eine lebendige Symbiose von Natur, Hafenwirtschaft und Industrie. Der 16 Hektar große Park mit Spiel- und Grillplätzen lässt auch Hunden freien Lauf (Hundewiese Entenwerder). Die Naturwege sind eben und damit für Menschen mit Handicap erreichbar. Eine beliebte Einkehrmöglichkeit befindet sich ganz in der Nähe: das Entenwerder Fährhaus (Entenwerder Stieg 6–8).

Radfahrer legen bei ihrer Tour von der City bis in die Vier- und Marschlande auf der Halbinsel gern einen Zwischenstopp ein. Die 33 Kilometer lange Strecke führt vom Deichtorplatz zunächst über den Radweg entlang dem Oberhafen/Großmarkt zum Elbpark Entenwerder. Danach geht es weiter über Moorfleet, den Marschbahndamm bis zu den Besenhorster Sandbergen.

Goldener Pavillon, Entenwerder

GUT ZU WISSEN

Es raschelt nicht nur, es summt auch. Auf einem Dalben neben dem Ponton zieht ein Bienenstock die Blicke auf sich. Geschaffen hat die »Bio-Tech-Skulptur« die Künstlerin AnneMarie Maes, und zwar ausschließlich für die Bienen. Denn hier nimmt kein Mensch den Insekten den Honig weg. Die Skulptur ist mit digitaler Überwachungstechnik ausgestattet, die das Verhalten der Bienen an diesem Ort weiter erforscht. Ein zweiter Bienenstock dieser Art steht in Brüssel.

FAUNA UND FLORA

Entenwerder trägt seinen Namen zu Recht. Die Stockente ist die am häufigsten vertretene Wasservogelart. Neben Pyramidenpappeln wächst im Elbpark Entenwerder auch eine Hybrid-Schwarzpappel, die um das Jahr 1930 gepflanzt wurde. Die meisten Pappelarten können bis zu einhundert, ja sogar dreihundert Jahre alt werden. Im Nordelbwasser sind Aale, Barsche, Brassen, Rotaugen und Zander zu Hause.

HIGHLIGHTS

1 Ein Stück **BRANNTWEINGESCHICHTE** befindet sich hinter Gittern und Stacheldraht am Billwerder Neuen Deich 28. Dort hatte bis zur Schließung der Verwaltung 2017 die Verwertungsstelle der Bundesmonopolverwaltung für Branntwein ihren Sitz. Denkmalschützer setzen sich für den Erhalt der Anlage ein. Noch in den 2000er Jahren lagerten hier rund 2,5 Millionen Liter Ethanol mit einem Alkoholgehalt von fast hundert Prozent. Zu den Abnehmern gehörten Spirituosenhersteller, Apotheken und Beiersdorf.

2 Die **GOLF LOUNGE HAMBURG** (Billwerder Neuer Deich 40) gilt als europaweit einzigartige Allwetter-Anlage mitten in der City. Den Spielern stehen insgesamt vierzig überdachte Abschlagsboxen auf drei Ebenen zur Verfügung.

3 Das **ANGELZENTRUM** (Entenwerder 10) bietet Informationen und Dienstleistungen für die rund 120 000 Anglerinnen und Angler in Hamburg.

WEITERE INFORMATIONEN

→ Das Restaurant www.entenwerder.de
→ Golf Lounge Hamburg www.golflounge.de
→ Infos zum Hotel an den Elbbrücken www.hotels-centrum-hamburg.de

30

SOMMERBAD VOLKSDORF

Hamburgs einziges FKK-Freibad

53° 38′ 59″ N, 10° 11′ 3″ O

200 m ✓ ✓ ✓

30

ENTERN UND ANKERN

Mit der U-Bahn (Linie U1) bis zur Haltestelle Buchenkamp, von dort aus 15 Minuten Fußweg. Oder mit dem Bus 375 (Richtung Volksdorf) zur Haltestelle Moorredder mit fünf Minuten Fußweg, vorbei an Kieferbäumen. Adresse für die Anfahrt mit dem Auto: Moorbekweg 100. Parkplatz unter Bäumen vorhanden, im Hochsommer oft überfüllt.

STRAND UND WASSER

Nackte betagten Alters spielen unter Bäumen Boule: Es stört sie nicht, wenn andere bekleidet an ihnen vorbeiziehen. Dieses Bad ist fest in der Hand des Hamburger Bundes für Freikörperkultur und Familiensport e.V. (HFK) – und Ausziehen bei warmen Temperaturen Alltag für die meisten der achthundert Vereinsmitglieder. Tagsüber steht das von Wiesen und Wald umgebene Bad mit dem zweihundert Meter langen und 15 Meter breiten, eher groben Sandstrand auch externen Besuchern offen. Längst ist das Gelände zweigeteilt: Am Sandstrand tummeln sich die bekleideten Gäste, auf der anderen Seite des 8,5 Hektar großen Sees die Nudisten – sie sind inzwischen jedoch in der Minderheit.

Das bis zu 8,5 Meter tiefe Gewässer entstand Anfang der 1930er Jahre durch den Abbau von Torf. Kurzerhand entdeckten es die Hamburger als Badesee. Zunächst sprudelte das Wasser von der Moorbek durch einen Stichkanal hinein. Seit den 1940er Jahren speist ein Tiefbrunnen mit natürlichem Grundwasser den kleinen See im Nordosten Hamburgs. Die Badewasserqualität wird auf der Basis eines mehrjährigen gewässerökologischen Monitorings als »ausgezeichnet« bewertet. Außer der jährlichen Badenutzung gebe es keine weiteren relevanten Belastungen, heißt es. Dazu trägt auch der Neptunfilter (Bodenfilter) bei.

Die Badegäste können entspannte Stunden in der vorbildlich gepflegten Anlage verbringen. Liegewiesen unter alten Bäumen laden zum Sonnenbad ein, das allenfalls durch krabbelnde Ameisen beeinträchtigt werden kann. Am Nordufer befindet sich ein drei Meter hoher Sprungturm; in der Mitte des Sees schwimmt ein kleiner Ponton. Schwimmer- und Nichtschwimmerbereich sind getrennt. Wer Sport treiben möchte, für den gibt es neben Boule auch Volley-, Basket- und Federball im Angebot sowie Tischtennis. Außerdem steht eine Sauna bereit, die Vereinsmitglieder (Beitrag: zwanzig Euro pro Monat und Einzelperson) ganzjährig nutzen können. Im »Haus am See« befindet sich die Zentrale der Badeaufsicht, daneben gibt es einen Kiosk mit gastronomischer Versorgung. Nackten Gästen wird der Gebrauch eines Handtuchs zum Benutzen der Stühle und Bänke dringend empfohlen.

LANDGANG UND TINGELTANGEL

In Volksdorf sind die touristischen Attraktionen eher überschaubar. Gleichwohl lockt eine kulinarische Entdeckungsreise nach einem entspannten FKK-Tag. Eine Institution für gemütliche Gastlichkeit ist das »Wiener Kaffeehaus«, das seit dem Jahr 2014 in der Ohlendorff'schen Villa (Im Alten Dorfe 28) residiert. Legendär sind Kaiserschmarrn, Apfelstrudel, Topfenstrudel und die Villa-Torte aus gekochter Schokolade mit Himbeerquark. Wer statt österreichischer Spezialitäten südamerikanische Originale bevorzugt, findet bei Vorbestellung einen Platz im Restaurant »Hacienda« (Im Alten Dorfe 38). Für Fleischesser ein Muss: Fleisch satt, das auf langen Spießen langsam über offenem Feuer gebraten wird. Rodizio, das sich Drehende, heißt das opulente Mahl – nichts für Vegetarier und Veganer!

STRANDGEFLÜSTER

Vor einigen Jahren, so erzählt man sich im FKK-Verein, hatte ein unbekannter Mann kurz vor der Saison an einem Baum eine Art Starenkasten aufgehängt. Vereinsmitglieder konnten bei Kontrollgängen feststellen, dass der Kasten aber keineswegs von Vögeln genutzt wurde. Im Innern befand sich nämlich eine Videokamera. Der Kasten wurde unverzüglich abgebaut, der Täter konnte jedoch nie ermittelt werden. Selbstverständlich sind Foto- und Videoaufnahmen auf dem Gelände verboten. Und auch das wird erzählt: Auf einer Veranstaltung im »Nachtasyl« des Hamburger Thalia Theaters sitzen ein weibliches Vorstandsmitglied des Freikörpervereins und ein Universitätspräsident auf dem Podium. Die Dame sagt, dass sie gern nackt im Sommerbad Volksdorf herumläuft. »Ich kann dort sogar nackt in meinem Büro sitzen, wer kann das sonst?« Darauf reagiert der Uni-Präsident mit einem schmunzelnden Bekenntnis: »Ich erkläre öffentlich, dass ich niemals nackt in meinem Büro sitze.«

FAUNA UND FLORA

Im Badesee schwimmen Karpfen, die einst ausgesetzt wurden, um die Schneckenpopulation zu dezimieren, und viele Moderlieschen. Sie halten sich gern in Uferzonen auf, wo Rote Seerosen alljährlich in voller Blüte stehen. Im Frühjahr tummeln sich Kaulquappen im Wasser, vermutlich heranwachsende

Erdkröten. Ansonsten wurde reichlich Zooplankton festgestellt, darunter Wasserflöhe und Schwertborstenrädertiere. Wasservögel, so die langjährigen Beobachtungen, sind im FKK-Bad nur selten anzutreffen.

Sand und mehr: Rutsche mit Vereinshäusern

HIGHLIGHTS

1 **HOFLADEN GUT WULFSDORF** (Ahrensburg, Bornkampsweg 39). Die Regale sind voll von Produkten aus regionalem Anbau und hiesiger Herstellung. Blattgemüse, Kraut, Wurzeln, Rindfleisch, ja sogar cremige Quarks und Kefir kann man hier kaufen.

2 Das **MUSEUMSDORF VOLKSDORF** (Im Alten Dorfe 46) ist weithin bekannt. Von einem Verein betreut, sind elf Wohn- und Wirtschaftsgebäude aus dem 17. bis 19. Jahrhundert zu bewundern. Sie wurden aufwendig saniert und wollen, so das Profil des Museumsdorfes, Einblicke in die Lebens- und Arbeitswelt der damaligen Zeit geben, insbesondere von 1850 bis 1900. Auf dem Gelände leben Pferde, Schafe und Ziegen. Regelmäßig finden Führungen und Veranstaltungen (z.B. Erntedankfest, Adventsbasar) statt.

3 Die **OHLENDORFF'SCHE VILLA** (Im Alten Dorfe 28) gilt als eines der schönsten Gebäude in Volksdorf und ist – mit dem Baujahr 1929 – Holsteins jüngstes Herrenhaus. Heute steht das Anwesen der Öffentlichkeit als Kultur- und Begegnungsstätte offen.

4 Im Naturschutzgebiet **VOLKSDORFER TEICHWIESEN** (Saseler Weg 6) laden zwei Teiche zum Verweilen ein. Weite Wege führen durch ein dreißig Hektar großes Biotop mit Feuchtwiesen und der Saselbek. Erdkröten, Gras- und Moorfrösche sind ebenso zu finden wie Orchideen, die Gelbe Wiesenraute, Kiebitze und die flinken Haubentaucher.

WEITERE INFORMATIONEN

→ Sommerbad Volksdorf www.hfk-hh.de
→ Museumsdorf Volksdorf www.museumsdorf-volksdorf.de

31

HOHENDEICHER SEE (OORTKATENSEE)

Ein Baggersee als Alleskönner

53° 26′ 17″ N, 10° 6′ 36″ O

↔ 120 m Badestelle ✓ ✓ ✓

ENTERN UND ANKERN

Die Badestelle Süd (Overwerder Weg) ist mit ÖPNV und Auto gut zu erreichen. Der 120er- und der 223er-Bus fahren bis zur HVV-Haltestelle Overwerder, von dort aus sind es nur einige Meter bis zum Strand. Parkplatz für Autos vorhanden. Die Badestelle West liegt am Oortkatenufer, Haltestelle Overhaken (ab Bahnhof Bergedorf, Bus 120, 223).

STRAND UND WASSER

»Eierlegende Wollmilchsau« ist die humoristische Beschreibung für einen Alleskönner. Ein solches Gewässer ist der Hohendeicher See (Oortkatensee) in den Vier- und Marschlanden. Eine fruchtbare Region, davon künden die großen Gewächshäuser, die in der Nähe der Badestelle Süd stehen. Dieser Baggersee ermöglicht für die wassernahe Freizeitgestaltung praktisch alles. Das Areal lief 1966 mit Wasser voll, als hier Kies und Klei (entwässerter Schlick) für den Deichbau gefördert wurden. Noch heute wird der Hohendeicher See in nordwestlicher Richtung vom Grundwasser durchflossen. Dazu kommt das Nass von oben, das den bis zu 19 Meter tiefen und 620 000 Quadratmeter großen, windexponierten See speist.

Der Alleskönner bietet Badespaß pur, verspricht Angler- und Camperfreuden, zieht Windsurfer und Segler, Taucher und Spaziergänger an. Schließlich handelt es sich bei dieser eierlegenden Wollmilchsau im Südosten Hamburgs mit 2,2 Kilometern Länge und 440 Metern Breite um den wasserreichsten und mit 19 Metern tiefsten See der Stadt. Während der Osten in der Hand der Camper ist, sind es im Westen die Windsurfer, im Süden die Badegäste und Taucher und im Norden der Segelclub Vierlande.

Die größte Badestelle mit dem 120 Meter langen und zehn Meter breiten groben Sandstrand und einer Liegewiese befindet sich im Süden (Overwerder Weg). Das Ufer ist weitgehend vegetationsfrei. Mit geringem Gefälle gleitet der Gast dieser rund um die Uhr geöffneten und kostenfreien Badestelle ins kühle Nass – und blickt dabei auf Windräder am Horizont, dem anderen Ende des sonnenglitzernden Sees. Blässhühner schwimmen auf dem Wasser, Schwalben fliegen über Weiden, und plötzlich guckt ein Taucher aus dem See heraus. Direkt am Strand verkauft ein Imbiss-Mitarbeiter Getränke, Eis und Würstchen. Auch eine solarbetriebene Toilette gibt es. Der Strand an der Badestelle West (Oortkatenufer) fällt dagegen kleiner aus. Er misst, mit Röhricht unterbrochen, jeweils 17, fünf und 26 Meter. Auf

31

der Grundlage der bakteriologischen Untersuchungen hat die Umweltbehörde auch im Jahr 2021 die Badegewässerqualität des Hohendeicher Sees als »ausgezeichnet« eingestuft. Die Deutsche Lebens-Rettungs-Gesellschaft (DLRG) betreibt von Mai bis September in der Nähe des Seepavillons eine Wachstation (freitags bis sonntags).

LANDGANG UND TINGELTANGEL

Wie vielfältig die Nutzung des Sees ist, kann man bei einem Spaziergang erleben. Am Westufer (Höhe Warwischer Hinterdeich 55) treffen sich die Aktiven des Deutschen Unterwasser-Clubs Hamburg e.V. rund um eine altgediente Blockhütte. Im See sind Tauchgänge bis in eine Tiefe von zwölf Metern möglich – auch wenn die Sichtweite stark variiert. Eine Tauchergruppe der Polizei hat vor einigen Jahren ein Unterwasseriglu und eine Übungsplattform im See versenkt, was die Attraktivität der Tauchstation deutlich steigert. Eintausend einzelne Parzellen umfasst der Dauer-Campingplatz Oortkaten, zwei Drittel von ihnen befinden sich in der Nähe des Ochsenwerder Elbdeichs direkt am See. Kurzfristige Übernachtungen und das Aufstellen von Zelten für

Stille Wasser sind tief: Baden hinterm Deich

Tagesgäste sind nicht möglich. Passionierte Windsurfer nennen den Oortkatener See »Ottisee« – das klingt fast wie das griechische Wort Odyssee. Zu einer Odyssee kann freilich auch das Windsurfen in diesem Revier führen. Schließlich heißt es beim Windsurfing Club Hamburg e.V.: Wer auf dem Ottisee gelernt hat, kann überall surfen gehen. Home Base: Oortkatenufer 24. Sportliche Nachbarn der Surfer sind die Segler (Segel-Club Vierlande e.V., Ochsenwerder Elbdeich 228).

GUT ZU WISSEN

Weil die stillen Örtchen hinten und vorne nicht ausreichen, verrichtet mancher Badegast und Spaziergänger seine Notdurft ungeniert am Ufer und sogar in den Vorgärten der Anwohner. Experten befürchten, dass sich die Stickstoffzufuhr negativ auf die Gewässerqualität auswirkt. Politiker fordern dringend mehr Toiletten.

FAUNA UND FLORA

See und Umgebung sind als Landschaftsschutzgebiet ausgewiesen. Die Uferbereiche werden allerdings so stark vom Menschen genutzt, dass Naturschützer dringenden Handlungsbedarf sehen, um das Biotop besser zu schützen. Im Hohendeicher See leben Karpfen, Rotaugen, Zander, Aale und Alande. Vierzig Prozent des Ufers sind von einem Schilfgürtel umgeben.

HIGHLIGHTS

1 **ZOLLENSPIEKER FÄHRHAUS** (Zollenspieker Hauptdeich 141), einst Zollstation, ist heute der Name des beliebten Restaurants mit regionaler Küche (Stint im zeitigen Frühjahr).

2 An der **BUNTHÄUSER SPITZE** teilt sich die Elbe in Norder- und Süderelbe.

3 Die **KIRCHWERDER WIESEN** sind mit 860 Hektar das größte Naturschutzgebiet in der Hansestadt. Hier brüten zahlreiche Storchenpaare.

WEITERE INFORMATIONEN

→ Hotel und Restaurant Zollenspieker Fährhaus www.zollenspieker-faehrhaus.de

32 NEULÄNDER SEE

Skatepark auf dem Wasser

📍	↔	↕	🏠	🍴	🐕
53° 27′ 32″ N, 10° 0′ 41″ O	mehrere m (Wiesen und Holzstege)	mehrere m (Wiesen und Holzstege)	✓	✓	✓

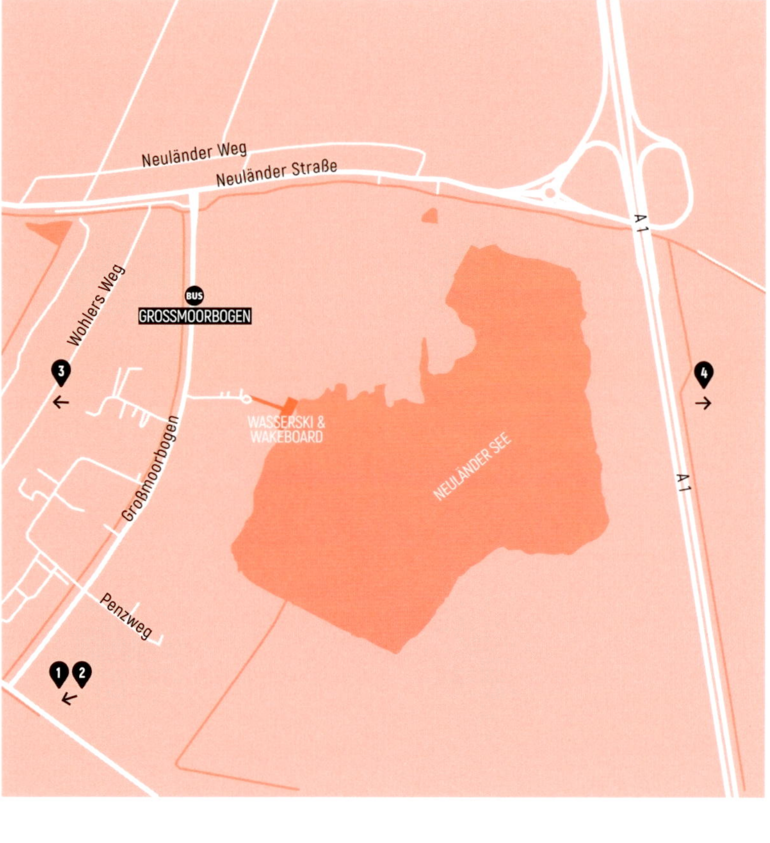

32

ENTERN UND ANKERN

Zum Park am Neuländer See (Am Neuländer Baggerteich) mit seinen Wiesen und Sonnenplätzen fährt die Buslinie 152 (bis Haltstelle Großmoorbogen). Zum Wassersport- und Umweltzentrum (Fünfhausener Landweg 218) verkehren die Buslinien 152 und 349. Auch mit dem Auto gelangt man dorthin, die Parkplätze befinden sich etwa 150 Meter vor dem Gelände. Fahrzeit mit dem Fahrrad vom Bahnhof Harburg: acht Minuten. Fahrradständer sind vorhanden.

STRAND UND WASSER

Sommer, Sonne – und kein Badesee in Sicht. Wer als Harburger in seinem Stadtbezirk in einem See baden gehen möchte: Fehlanzeige. Dabei glitzert der Neuländer Baggersee in der Augustsonne so einladend, dass man sich geradewegs in die Fluten stürzen möchte. Weil der See aber nicht den Ansprüchen der EU-Badegewässerrichtlinie entspricht, herrscht Badeverbot. Die Abbruchkanten am Uferbereich stellen ein erhebliches Sicherheitsrisiko dar, und sauber ist das Wasser schon gar nicht. Eine Machbarkeitsstudie des Bezirksamtes war zu dem Ergebnis gekommen, dass sich selbst Millioneninvestitionen in eine Badestelle de facto nicht rechnen. Außerdem sind der See und seine Umgebung ein Landschaftsschutzgebiet, weshalb Duschen, Toiletten und Kioske nicht aufgestellt werden können.

Das 48 Hektar große Gewässer ist der zweitgrößte See der Hansestadt. Er entstand durch den Abbau von Kies durch die Firma Neulandbeton. Danach füllte sich das bis zu zwanzig Meter tiefe Baggerloch mit Wasser; das Gelände drumherum wurde renaturiert. Insbesondere im südlichen Teil des Sees gedeihen inzwischen naturnahe Flächen, darunter sind auch Feuchtwiesen.

Der See selbst ist fest in der Hand der Wassersportler. In Kooperation mit regionalen Sportvereinen und der Hansestadt Hamburg bietet das Wassersport- und Umweltzentrum (WUZ) seit 2013 insbesondere für Schulklassen bei Voranmeldung verschiedene Sportarten an: paddeln, Kanu und Kajak fahren – und das alles auf dem weitgehend windgeschützten, 1,6 Kilometer langen Gewässer. Weil motorisierte Wasserfahrzeuge hier nicht fahren dürfen, sind die Schülerinnen und Schüler ohne zusätzliches Risiko unterwegs. Das Freigelände umfasst 10 000 Quadratmeter, die auch von einem Angelverein und der Segelvereinigung Sinstorf e.V. genutzt werden. Neben der 1500 Quadratmeter großen Wiese, zwei Bootsstegen, Slipanlage und Sanitärgebäude steht ein Klassenzimmer zur Verfügung. Nach Angaben der Schulbehörde können alle Hamburger Schulen das kostenpflichtige Angebot nutzen.

Mehr noch: Fünf Masten! Full-Cable! 870 Meter! Das alles lässt die Herzen der Wakeboarder und Wasserskifahrer höherschlagen. Für sie ist die Wasserski- und Wakeboard-Anlage (Am Neuländer Baggerdeich 3) die erste Adresse. Mit ihren Rampen und Schanzen sieht sie ein bisschen aus wie ein Skatepark auf dem Wasser. Wer diese Sportart lernen will, kann einen fünftägigen Kurs bei einem professionellen Trainer absolvieren.

LANDGANG UND TINGELTANGEL

Landgang? Erst mal hierbleiben, und zwar im »Eisvogel« (Am Neuländer Baggerdeich 3). Das Restaurant mit den großen Holzterrassen als Strandersatz und einem weiten Blick über den See überzeugt mit seinem reichhaltigen Frühstücksbüfett und an lauen Sommerabenden mit frisch gezapftem Bier. Danach sollte man sich aber die Beine vertreten und die Umgebung des Sees erkunden. Seit den 1990er Jahren gibt es rund um das Gewässer einen elf Hektar großen Park. Wer will, kann den See komplett

Wasserski-Anlage Neuländer See

umrunden. Und sich danach wieder ausruhen – diesmal auf einer der Wiesen.

GUT ZU WISSEN

Der Neuländer See fällt an einigen Stellen steil ab. Außerdem hat er eine gefährlich kalte Unterströmung. Im Juli 2018 kam es hier zu einem tödlichen Badeunfall. Auch deshalb: Baden verboten! Weil die Wasserqualität schlecht ist, rät die Segelvereinigung Sinstorf e.V. den Seglern, sich nach Wasserkontakt gründlich zu duschen.

FAUNA UND FLORA

Die Loki-Schmidt-Stiftung besitzt im Süden des Sees die 2,7 Hektar große Feuchtwiese Neuland. Dort leben Kiebitz, Bekassine, Wachtelkönig, Wasserfeder, Sumpfblutauge und die Gelbe Wiesenraute. Im See haben Zander, Aale, Schleie und Karpfen ihr Zuhause sowie unzählige Rädertiere und Ruderfußkrebse (Zooplankton).

HIGHLIGHTS

1 Das **FREILICHTMUSEUM AM KIEKEBERG** (Am Kiekeberg 1, Rosengarten) macht mit seinen vierzig historischen Gebäuden auf der zwölf Hektar großen Freifläche bäuerliches Leben um das Jahr 1800 erfahrbar. Zu den Bewohnern zählen Pommersche Gänse und Bunte Bentheimer Schweine.

2 Das **MIDSOMMERLAND** in Harburg, ein Hallenbad mit Außenbecken und Sonnenterrasse (Gotthelfweg 2), bietet den besten Ersatz für das verbotene Bad im Neuländer See.

3 Das **ARCHÄOLOGISCHE MUSEUM** (Museumsplatz 2) bietet spannende Einblicke in die mehr als 200 000 Jahre umfassende Geschichte Norddeutschlands.

4 Das 250 Hektar große Naturschutzgebiet **NEULÄNDER MOORWIESEN** ist der Lebensraum von 317 Pflanzenarten, darüber hinaus des bundesweit gefährdeten Moorfroschs, von Kranichen und Feldlerchen.

WEITERE INFORMATIONEN

→ Wasserski & Wakeboard www.wasserski-hamburg.de
→ Restaurant Eisvogel www.eisvogelhamburg.de
→ Freilichtmuseum am Kiekeberg www.kieke-berg-museum.de

33 ÖJENDORFER SEE

Eingepackt in einen Park

53° 33′ 30″ N, 10° 8′ 20″ O	300 bzw. 80 m (zwei Badestellen)	ca. 15 m	✓	✓	✕

33

ENTERN UND ANKERN

Pack die Badehose ein! Die Badestelle Nord liegt am Haßloredder. Mit dem ÖPNV: U2 und U4 bis zur Haltestelle Steinfurther Allee, danach etwa vierzig Minuten Fußweg. Oder mit dem Bus 133 (Richtung Neuschönningstedt, Haidkrug), Bus 233 (Mümmelmannsberg) oder Bus 33 (Trittau) bis zur Haltestelle Schlangenkoppel. Danach 35 Minuten zu Fuß bis ans Ufer. Die Badestelle Süd ist mit dem Auto zu erreichen, kostenlose Parkplätze: Driftredder und Barsbütteler Weg.

STRAND UND WASSER

Was hat der See im Stadtteil Billstedt nicht alles für Nachbarn! Zuerst den 140 Hektar großen Öjendorfer Park mit seinen einladenden Liegewiesen und Grillplätzen. Dann den Öjendorfer Friedhof – den zweitgrößten in Hamburg, westlich des Sees. Schließlich die Autobahn Richtung Berlin (A24) im Norden und im Osten die A1, die an die Ostsee führt. Außerdem im Norden: ein Vogelschutzgebiet mit dichtem Schilf – Natur pur eben – und einem Absatzbecken, in dem Substanzen aus dem Schleemer Bach sedimentieren können.

Der Schleemer Bach ist die Lebensader des 45 Hektar großen und bis zu 3,4 Meter tiefen Öjendorfer Sees. Das nur zehn Kilometer lange Fließgewässer entspringt im kleinen Waldstück Am Hegen (Rahlstedt-Ost) und dient, bevor es in die Bille mündet, dem beliebten Öjendorfer See im multikulturellen Billstedt als Zu- und Abfluss. Bis in die 1920er Jahre wurde das Gelände, wo sich heute der See befindet, landwirtschaftlich genutzt. Dann mussten Acker und Wiesen einer zwölf Meter tiefen Grube weichen, denn der abgebaute Sand und Kies wurden gebraucht, um die Horner Marsch zu erhöhen. Nach dem Ende des Zweiten Weltkriegs dienten Teile der leeren Grube dazu, Schutt aus zerstörten Stadtteilen im Osten Hamburgs aufzunehmen. Angloamerikanische Bomber hatten beim verheerenden »Feuersturm« 1943 der Hansestadt schwerste Schäden zugefügt. Im Jahr 1954 wurde im nördlichen Bereich des heutigen Sees ein Durchstichgraben zum Schleemer Bach angelegt und die Grube mit Wasser gefüllt. Läuft! Seitdem ist der Öjendorfer See das Rückhaltebecken für den Schleemer Bach – und damit potenziell bei Starkregen-Ereignissen Verunreinigungen ausgesetzt.

Zwei Badestellen (ohne Badeaufsicht) laden zum Planschen ein. Die Badestelle Süd grenzt an eine stark abfallende Liegewiese mit Bänken. Die Länge des Sandstrands (mit wenig

33

Laubstreu) beträgt nach Behördenangaben insgesamt rund dreihundert Meter. Die Uferneigung wird mit »mittel bis steil« angegeben. Die Badestelle Ost mit dem achtzig Meter langen hellen Sandstrand (darunter eine schwarzgraue Sandschicht) grenzt ebenfalls an den intensiv gepflegten Öjendorfer Park, wird aber von Vogelexkrementen verunreinigt. In der Nähe der beiden im Sommer stark frequentierten Strände befinden sich Grillplätze, ein Minigolfplatz und Kioske (z.B. Barsbütteler Weg/Haßloredder).

LANDGANG UND TINGELTANGEL

Es ist Hamburgs unbekanntester Wanderweg, der just am Öjendorfer See vorbeiführt. Der »2. Grüne Ring« schmiegt sich einhundert Kilometer lang rund um die Innenstadt, gut zehn Kilometer vom Rathaus entfernt. Wer im Öjendorfer Park startet, gelangt über die Boberger Niederung, den Stillhorner Hauptdeich, Heimfeld, Finkenwerder, Teufelsbrück, Stellingen, den Ohlsdorfer Friedhof über Jenfeld wieder zurück. Selbstverständlich in mehreren Etappen. Die Strecke ist auch für Biker geeignet.

Badestelle Süd: Sandstrand in Öjendorf

33

GUT ZU WISSEN

Es kann vorkommen, dass sich Blaualgen (Cyanobakterien) im Sommer stark vermehren. Weil sie für Menschen und Hunde gesundheitsgefährdend sind, wird der Badesee in solchen Fällen gesperrt. Zu erhöhten Keimzahlen tragen zudem die Badegäste bei.

FAUNA UND FLORA

Vögel lieben den Öjendorfer See. Deshalb haben sie im Norden des Gewässers einen Rückzugsraum (Vogelschutzgebiet). Besonders verbreitet sind Stock- und Reiherenten, Grau-, Kanada- und Nilgänse. Der 1,3 Kilometer lange und 507 Meter breite See selbst wird von Schleien (77 Prozent der vorkommenden Fischarten) und Hechten (12 Prozent) dominiert. Deshalb gilt er als Hecht-Schleie-See. Insgesamt kommen aber nur sieben Fischarten vor. Die »Interessengemeinschaft zum Schutz und zur Förderung der einheimischen Fischfauna e.V.« will langfristig einen ökologisch wertvollen Fischbestand aufbauen.

HIGHLIGHTS

1 Der **ÖJENDORFER FRIEDHOF** ist mit einer Größe von fast einhundert Hektar der zweitgrößte Parkfriedhof Hamburgs. Im Osten des Friedhofs liegt das Schleemer Bachtal mit seinem Vogelschutzgebiet. Seit 1978 finden auf dem Friedhof auch Bestattungen nach dem islamischen Ritus statt.

2 Der **SPORTPARK ÖJENDORF** (Koolbargenredder 31–33) ist die erste Adresse für Tennis, Badminton, Squash und Indoor-Fußball im Hamburger Osten. Das Sportpark Restaurant lockt mit großzügiger Sonnenterrasse und Kaminecke, heimischen und internationalen Speisen.

3 Der **ÖJENDORFER PARK** (Bruhnrögenredder/Barsbütteler Straße) bietet zu jeder Jahreszeit ausgedehnte Wanderwege. Die Landschaft des drittgrößten Hamburger Parks ist leicht hügelig.

WEITERE INFORMATIONEN

→ Sportpark Öjendorf www.sportpark-oejendorf.de
→ Öjendorfer Friedhof www.friedhof-hamburg.de
→ Infos zur Wanderung www.dav-hamburg.de/dav/DergrueneRing

34 FREIBAD OSTENDE

Badespaß im Wohngebiet

53° 35' 10" N, 10° 7' 29" O

104 m ✓ ✓ ✕

34

ENTERN UND ANKERN

Mit dem Auto: Tonndorfer Strand 37 im Hamburger Nordosten. Parkplätze sind rar, da der See (Bezirk Wandsbek) mitten in einem Wohngebiet liegt. Mit dem ÖPNV: Regionalbahn RB 81 vom Hauptbahnhof Richtung Bad Oldesloe (Haltestelle Tonndorf). Von dort rund 15 Minuten Fußweg. Oder mit dem Bus 167 Richtung Berne, Haltestelle Sonnenweg, danach fünf Minuten Fußweg.

STRAND UND WASSER

So viel Natur mitten im Stadtteil Tonndorf: Der Verein Freibad Ostende e.V. betreibt seit 1986 das kleine, aber feine Freibad mit dem 104 Meter langen Sandstrand von Mai bis September. Es verfügt über alles, was das badebegeisterte Herz begehrt: Kiosk, Terrasse, Spielplatz, Spielgeräte, zwei Wiesenflächen für Sonnenanbeter, Damen- und Herrenduschen, Toiletten, Umkleidekabinen (für das Schließfach muss ein eigenes Vorhängeschloss mitgebracht werden), Drei-Meter-Sprungbett und eine Beach-Volleyball-Anlage. Wer Vereinsmitglied ist, kann sogar im Winter baden gehen. Eine Stahlspundwand trennt Nichtschwimmer- und Schwimmerbereich. Leider musste im Sommer 2021 die Trauerweide am Strand gefällt werden. Der Baum sah zwar gesund aus, war es aber de facto nicht. Ein Pilz war über die Wurzeln eingedrungen und hatte das Holz zerstört.

Das Sommerbad Ostende liegt in der Nähe der Trabrennbahn Farmsen. Der See entstand aus einer ehemaligen Tongrube der Familie Mejer und lief Anfang des 20. Jahrhunderts mit Wasser voll. 1934 nahm die deutsche Wehrmacht den neu entstandenen und vom Grundwasser gespeisten Tonndorfer See in Besitz und machte daraus eine Militärbadeanstalt. Nach dem Krieg betreuten die Hamburger Wasserwerke das Freibad, seit 1986 ist dafür der Verein als Pächter zuständig. Der rund 34200 Quadratmeter große See – 302 Meter lang und 233 Meter breit – ist bis zu 9,8 Meter tief. Die Umweltbehörde bewertet die Badegewässerqualität im mehrjährigen Mittel als »ausgezeichnet«. Das Wasser gilt wegen seines durchschnittlichen Gehalts an Calcium- und Magnesiumverbindungen als »weich« bis »mittelhart«. Allerdings gibt es deutliche Anzeichen für eine Zunahme von Nährstoffen wie Nitraten und Phosphaten. Blaualgen haben sich zum Glück noch nicht massenhaft vermehrt. Wichtig zu wissen: Die Mitnahme von Hunden ist untersagt. Eine Badeaufsicht ist vorhanden.

34 LANDGANG UND TINGELTANGEL

Wer sich in der Gegend umschaut, entdeckt im Norden und Osten des Sees die Wandse. Dieser kleine Fluss, der in Siek bei Rahlstedt entspringt und an der Schwanenwikbrücke in die Alster mündet, lädt an seinem Ufer zu Wanderungen ein. Der 14 Kilometer lange »Wandsegrünzug« führt von Rahlstedt und der alten Feldsteinkirche aus dem 11./12. Jahrhundert über den Tonndorfer See und den Eilbekkanal bis zum Schwanenwik an die Alster. Einst war die Wandse ein Sorgenkind der Umweltschützer; heute tummeln sich im Wasser wieder Bachforellen.

Während sich im Nordosten des Tonndorfer Sees das Freibad befindet, residieren am West- und Südufer die Kleingärtner mit eigenen Bootsstegen. Gelegentlich gibt es Vorwürfe, dass die Schrebergärtner Abwässer in den Badesee einleiten. Im westlichen Teil ist der Wandsbeker Sportangler-Verein von 1961 e.V. aktiv. Seine Mitglieder verfügen seit 1978 über die Fischereierlaubnis für den früher so genannten Sonnensee. Die Angler sind mit einem eigenen Vereinsboot unterwegs.

Ostende: Von einer Tongrube zum Strandbad

34

STRANDGEFLÜSTER

Hartnäckig hält sich das Gerücht, dass am 25. Juni 1942 ein amerikanisches Flugzeug in den See gestürzt sei. Es soll zuvor vom Flakfeuer getroffen worden sein. Dass am Grund des Sees ein Flugzeugwrack liege, sei ein »Märchen«, stellt der Verein Freibad Ostende e.V. klar.

FAUNA UND FLORA

Den Strand säumen Erlen, Eschen und Weiden. Das insgesamt neunhundert Meter lange Seeufer wird teilweise von Bäumen und Gebüsch umgeben, doch die sonst verbreiteten Röhrichte und Schwimmblattpflanzen fehlen. Die Vegetation kann deshalb als wenig naturnah bewertet werden. Im Wasser schwimmen Aale, Hechte, Karpfen, Weißfische und Barsche. Das dichte Phytoplankton (Grünalgen, Schlundgeißler) vermindert die Sichttiefe, sehr zur Freude der vielen Wasserflöhe. Biologen vermuten deshalb eine größere Muschelpopulation.

HIGHLIGHTS

1 Die **ALT-RAHLSTEDTER KIRCHE** (Pfarrstraße) stammt aus dem 12./13. Jahrhundert und ist vor allem bei Hochzeitspaaren beliebt.

2 Die **CONDITOREI STEIDL** (Rahlstedter Bahnhofstraße 12) ist eine feine Adresse für Torten jeglicher Art und Desserts – und das bereits in der vierten Generation. Der Gründer stammte aus Böhmen und kam 1917 nach Rahlstedt.

3 Das **EINKAUFSZENTRUM TONDO** (Tonndorfer Hauptstraße 71–81) mit seinen fünfhundert Parkplätzen bietet weitgehend entspanntes Einkaufen (Branchenmix: Optiker, Mode, Friseur, Supermarkt, Apotheke, Bäckerei).

WEITERE INFORMATIONEN

→ Freibad Ostende mit Öffnungszeiten und Preisen www.www.freibad-ostende.de

35 NATURBAD STADTPARKSEE

Kleinster Strand in erstklassiger Lage

	↔	↕			
53° 35′ 35″ N, 10° 1′ 32″ O	20 m (Sand)	ca. 10 m (Sand)	✓	✓	✕

ENTERN UND ANKERN

Geht ganz einfach: Mit der U3 bis Saarlandstraße, danach acht Minuten Fußweg. Nächstgelegene S-Bahn-Station Alte Wöhr (S1), Adresse: Südring 5 B. Dort gibt es auch begrenzte Parkmöglichkeiten.

STRAND UND WASSER

Hamburgs kleinster Strand befindet sich ausgerechnet im am stärksten frequentierten Freibad der Metropole: im Stadtpark (Winterhude). Er misst gerade mal zwanzig Meter, danach schließt sich der 180 Meter lange Nichtschwimmerbereich an. Ansonsten besteht die Uferbefestigung aus Steinmauern, Einstiegstreppen und einem gepflasterten Beckenumgang. Die Badenden wähnen sich im 6,7 Hektar großen Stadtparksee zu planschen. Tatsächlich aber sind See und Naturbad seit 1937 voneinander komplett getrennt – durch eine Spundwand. Der Betreiber Bäderland speist das 1,5 Hektar umfassende und bis zu 3,8 Meter tiefe Bad mit bestem Trinkwasser. Die mittlere Tiefe beträgt 1,7 Meter. Der Wasserspiegel im Naturbad wird übrigens höher gehalten als der im Stadtparksee. Grund: Aus dem (nicht gerade sauberen) Stadtparksee darf kein Wasser ins Bad eindringen.

Im Sommer werden bei Temperaturen von mehr als 18 Grad Celsius pro Badegast dreißig Liter Frischwasser (Trinkwasser) in das Bad gepumpt, heißt es im Badegewässerprofil 2019. Ein Eintrag von Sicker- und Grundwasser ist nicht bekannt. Beim Sohlsubstrat handelt es sich um Sand. So viel Komfort haben die Füße in einem gekachelten Freibad nicht! Die Wasserqualität ist Behördenangaben zufolge »ausgezeichnet«. Setzte Bäderland bis 1992 zur Desinfektion des Wassers Chlorgas ein, wird seitdem darauf verzichtet. Stattdessen erfolgt die Wasserreinigung durch einen Sandfilter.

Bis zu 55 000 Badegäste nutzen das eintrittspflichtige Sommerfreibad jedes Jahr. Sie schwimmen im 107 x 124 Meter großen Becken, dösen in Liegestühlen, sonnen sich auf den großzügig angelegten Wiesen, der sommergewärmten Sonnenplattform und den Liegeterrassen. Ein Kiosk stillt Hunger und Durst, mit Snacks für zwischendurch und selbstverständlich auch Eis. Toiletten, Duschen, Schließfächer, Rutsche für Kinder ab sieben Jahren und eine Badeaufsicht sind vorhanden. Das Naturbad ist barrierefrei zugänglich.

35 LANDGANG UND TINGELTANGEL

Wer am Stadtparksee nur auf der Wiese liegt, verpasst eine Menge. Denn im 148 Hektar großen, 1914 eröffneten Stadtpark gibt es viel zu entdecken und, wenn gerade ein Konzert stattfindet, viel zu hören. Sogar die Rolling Stones gaben hier ein Konzert (2017). Sport- und Spielgeräte machen fit und mobil, Statuen wollen bestaunt, Tretboote, Kanus und Schachfiguren bewegt werden. Wer Ruhe und meditative Erfahrung sucht, kann seit 2014 durch den Stadtpark pilgern. Das ist jene stille Form der Fortbewegung, die seit Hape Kerkelings Bestseller »Ich bin dann mal weg« viele Anhänger findet. An 22 Stationen können die Stadtpark-Pilger meditative Pausen einlegen. Los geht die Tour am Café Trinkhalle. Wer den Pilgerweg in gut eineinhalb Stunden absolviert hat, kann sich getrost stärken, zum Beispiel im »Sierichs« (Südring 5 B).

Alle Wege führen freilich zum Planetarium (Linnering 1). In einem ehemaligen Wasserturm erleben Kinder und Erwachsene spannende Reisen ins Universum und genießen Musikliebhaber Live-Konzerte unter Sternen. Als erstes Planetarium in Europa zeigt es Produktionen im 360-Grad-Rundum-3D-Format.

GUT ZU WISSEN

Bäderland übernahm das Sommerfreibad Naturbad Stadtparksee im Jahr 1995 von den Hamburger Wasserwerken. Vorher war Bäderland eine Abteilung der Wasserwerke und wurde 1995 selbständige GmbH. Anfangs wurde das Bad noch verpachtet. Doch dann hat es Bäderland selbst übernommen, am historischen Standort saniert und »zukunftsfähig ausgerichtet«, wie es dort heißt.

FAUNA UND FLORA

Erstklassige Umgebung für ein Freibad: Im Stadtpark wachsen zweihundert Jahre alte Bäume – Eichen, Buchen, Birken, Trompeten-, Mammut- und Tulpenbäume. Hier sind Eichhörnchen, Kaninchen und Fledermäuse zu Hause. Außerhalb des Badebetriebs nutzen Wasservögel das Naturbad als Ruhezone. Ein erhöhter Keimeintrag über den Vogelkot ist daher nicht auszuschließen. Wasserflöhe aus der Gattung Daphnia und Ruderfußkrebse schwimmen im Sommerbadwasser zwischen Tausendblatt, Wasserfaden und Hornblatt – allesamt Unterwasserpflanzen, die regelmäßig dezimiert werden müssen. Zu den Bewohnern zählen darüber hinaus Graskarpfen, Hechte und Barsche.

Stadtparksee mit angrenzendem Naturbad und Mini-Strand

HIGHLIGHTS

1 Im **SIERICHSCHEN FORSTHAUS** (Otto-Wels-Straße 3) hat der Stadtpark Verein Hamburg e.V. seinen Sitz. Er setzt sich dafür ein, die herausragende, schützenswerte Grünanlage als »Garten- und Kulturdenkmal« zu pflegen und zu entwickeln.

2 Die **FREILICHTBÜHNE** im Stadtpark entstand 1923/24 durch Lehmabbau für das Planschbecken. Davor bietet sich Platz für 4000 Gäste.

3 Die **LIEBESINSEL** liegt am Südende des Stadtparksees unmittelbar am Goldbekkanal. Eine Bootsvermietung bietet u.a. Kanus und Tretboote an (siehe Kapitel hier später Nummer einfügen über die Liebesinsel).

4 Das beliebte **LANDHAUS WALTER** wurde 1912 vom Architekten Fritz Schumacher gebaut. Noch heute gilt es wie zu Schumachers Zeiten als »ländliche Wirtschaft«, weil es hier ruhiger und romantischer zugeht als im Herzen der Stadt.

WEITERE INFORMATIONEN

→ Landhaus Walter www.eventcenter-hamburg.de
→ Tipps zum Pilgern im Stadtpark www.kirche-hamburg.de

36 STRANDBAD FARMSEN

Copacabana im Nordosten

53° 36′ 58″ N, 10° 6′ 31′ O

↔ 200 m | ✓ | ✓ | 1 x im Jahr

36

ENTERN UND ANKERN

Mit dem ÖPNV: U1 bis nach Farmsen, dort in den Bus (Linie 27, 168, 171) bis zur Haltestelle Neusurenland oder Rönkkoppel. Adresse: Neusurenland 67, Hamburg.

STRAND UND WASSER

Kaum hatte eine Tongrube im Nordosten Hamburgs ihren Dienst als Rohstofflieferantin eingestellt, wurde sie mit Grundwasser geflutet. Das erfrischende Nass lockte alsbald badelustige Menschen an. Seit 1920 jedenfalls wird hier, im Naturbad Farmsen, geschwommen und geplanscht. Erst führten die Wasserwerke Regie. Als diese aber den Betrieb aufgeben wollten, gründete sich 1988 der Verein Strandbad Farmsen e.V. – und rettete so das Naturbad. Seitdem lockt Farmsens »Copacabana«, die mitten im Wohngebiet liegt, pro Saison bis zu 50 000 Besucher an. Gerade bei sozial benachteiligten Familien ersetzen die preiswerten Stunden im Sommerbad einen teuren Ausflug ans Meer.

Der 1,7 Hektar große und 8,2 Meter tiefe See liegt in einer kleinen Senke, nicht weit vom Stölpchensee entfernt. Zwischen den beiden Gewässern plätschert die Osterbek, ohne dass der Bach ins Freibad mündet, denn das wird hauptsächlich vom Grundwasser gespeist. In den See fließt zudem eine kleine, eisenhaltige Quelle, die das Wasser im Uferbereich rötlich färben kann. Das Sommerbad Farmsen lässt kaum Wünsche offen: Bis auf das westliche Ufer umgeben Liegewiesen den See. Am Ostufer erstreckt sich ein fast zweihundert Meter langer gepflegter Sandstrand; das Südufer wurde mit einer Spundwand befestigt. Schwimmer- und Nichtschwimmerbereich sind getrennt. Eine Wasserrutsche ist vor allem für Kinder eine Attraktion. Außerdem gibt es Umkleiden, Duschen, Toiletten (auch behindertengerecht) und natürlich auch einen Kiosk. Selbstverständlich sorgt eine Badeaufsicht für die Sicherheit im Wasser und am Strand. Der Verein ermöglicht interessierten Mädchen und Jungen die Ausbildung zu Rettungsschwimmern.

Die Wasserqualität bewertet die Umweltbehörde immer wieder als »ausgezeichnet«. Dazu trägt die Pelicon-Filteranlage bei, die Phosphor aus dem Wasser eliminieren kann. Nach wie vor erfährt der See seine größte Belastung durch Badegäste (erhöhte Keimzahlen), Vogelkot und Einleitungen über Drainagen unklarer Herkunft. Zu ausgewählten Zeiten nimmt die »BSG Sportfischen Hamburg Wasser« vom Strandbad Besitz; die Petrijünger dürfen während der Badesaison von Anfang Mai bis Anfang

36

September in der Zeit von 19.30 Uhr bis 9.30 Uhr angeln. Und manchmal haben sie auch einen Hecht am Haken.

LANDGANG UND TINGELTANGEL

Wer einmal in Farmsen und Berne ist, sollte unbedingt einen Abstecher zum Hamburger Umweltzentrum Gut Karlshöhe (Karlshöhe 60 D) nach Bramfeld machen. Eine Augenweide für alle Sinne: die einen Hektar große Streuobstwiese, auf der 150 Bäume wachsen. Sie sind teilweise rund hundert Jahre alt. Ehrenamtliche vom BUND kümmern sich rührend um die alten Obstsorten (u.a. Äpfel, Birnen, Pflaumen) und retteten einen bereits zu 99 Prozent abgestorbenen Boskop mit einem Fahrradschlauch, damit der letzte noch lebende Ast nicht endgültig abbricht. Wo sich heute die jederzeit zugängliche Streuobstwiese befindet, legten einst die Hühner einer Geflügelfarm ihre Eier, darunter Exemplare des Deutschen Reichshuhns.

Apropos Geflügel: Wer sich nach der Strandbad-Tour stärken will, findet in der Taverna »Bei Anna« (Berkassinenau 67) eine feine griechische Küche, im Sommer auf einer großen Terrasse mit neunzig Plätzen.

Hinter dem weißen Zaun: Strand-Feeling in Farmsen

Besonders beliebt: Fleischgerichte vom Lavagrill.

STRANDGEFLÜSTER

Einmal im Jahr kommt das Strandbad auf den Hund. Zum Abschluss der Saison ist Badetag für die Vierbeiner. Pro Fuß und Pfote wird ein Eintrittsgeld von fünfzig Cent verlangt. Vorher kontrollieren Mitarbeiter, ob das Tier gegen Tollwut geimpft ist. Wenn ja, gibt es grünes Licht für Badefreuen bei den Fellnasen.

FAUNA UND FLORA

Den Grund des Sees besiedeln Unterwasserpflanzen wie Tausendblatt, Raues Hornblatt, Krauses Laichkraut und der fleischfressende Gewöhnliche Wasserschlauch. Dieser steht auf der Roten Liste der Farn- und Blütenpflanzen und verzehrt Einzeller, Rädertierchen, Wasserflöhe und andere Kleinstlebewesen. Wer in die Saugfallen des Wasserschlauchs gerät – für den gibt es kein Entrinnen mehr. Das gilt allerdings nicht für Menschen ...

HIGHLIGHTS

1 Das **BERNER SCHLOSS** (Pferdekoppel 6) aus dem Jahr 1880 strahlt wieder in neuem Glanz und kann für Vermietungen (z.B. Hochzeiten) genutzt werden. Im Oktober 2020 feierten hier das Hamburger Top-Model Toni Garrn und der Schauspieler Alex Pettyfer ihre Hochzeit.

2 Der **VOLKSDORFER HOCHSEILGARTEN** (Kletterwald Hamburg, Meiendorfer Weg 122–128) bietet acht Parcours auf verschiedenen Höhen (zwischen zwei und zehn Metern). Sieben Routen enden mit der Seilbahn »Flying Fox«.

3 Das **GARTENCENTER PFLANZEN-KÖLLE** (Eulenkrugstraße 190) ist zu jeder Jahreszeit einen Besuch wert. Nach dem Shoppen locken Kaffee und Kuchen im tropisch bewachsenen Restaurant »Bambusgarten«.

WEITERE INFORMATIONEN

→ Taverne mit 90 Freisitzen www.griechisch-beianna.de
→ Strandbad Farmsen www.strandbad-farmsen.de
→ Umweltzentrum mit Streuobstwiese www.gut-karlshoehe.de

37

GARRENSEE

Smaragd im Buchenmischwald

53° 41′ 15″ N, 10° 51′ 4″ O

↔ ca. 40 m ✗ ✓ ✓ (angeleint)

ENTERN UND ANKERN

Mit dem Auto: Der Wanderparkplatz befindet sich bei Ratzeburg (Schleswig-Holstein) an der B 208, zwischen Ziethen und Mustin, jeweils auf der rechten und linken Straßenseite. Keine Parkgebühren, aber stark frequentiert. Mit dem Fahrrad: Beliebt ist die 48 Kilometer lange Seeradtour (Ratzeburg, Schlagsdorf, Mustin, Dargow, Salem und Ratzeburg). Von Mustin oder Salem empfiehlt sich ein Abstecher ins Salemer Moor mit dem Garrensee.

STRAND UND WASSER

Wie ein Smaragd schimmert in einem Buchenmischwald der bis zu 23,3 Meter tiefe Garrensee. Wer vom Parkplatz dem Wegweiser folgt, kann an drei Badestellen ins Wasser tauchen. Links führt der Waldweg zu einem kleinen, rund vierzig Meter langen Strand. Der allein würde die Tour für ein ausgiebiges Sonnenbad nicht lohnen, gäbe es hier nicht das ganz besondere Weichwasser. Der 18 Hektar große See befindet sich in einer von der letzten Eiszeit geformten Moor- und Hügellandschaft mit einem extrem kalk- und nährstoffarmen klaren Wasser. Phosphor und Stickstoff werden von den schleswig-holsteinischen Behörden regelmäßig in niedriger bzw. relativ geringer Konzentration gemessen. Im Sommer kann es freilich zum Auftreten von Blaualgen (Cyanobakterien) kommen. Die Wasserbehörde des Kreises Herzogtum Lauenburg bewertet das jedoch als »unbedenklich«. Hunde sind an diesem Strand, der mitten im Naturschutzgebiet Salemer Moor mit angrenzenden Wäldern und Seen liegt, an der Leine zu führen. Das Baden an anderen Stellen als an den ausgewiesenen drei Abschnitten ist untersagt – ebenso wie jede Art von Wassersport.

LANDGANG UND TINGELTANGEL

Strandparty? Fehlanzeige! Dafür locken vor oder nach dem Baden in der wassergefüllten Eiszeitsenke Wandertouren durch das Salemer Moor mit weiteren Seen, die jeweils mit ihrer Einzigartigkeit faszinieren. Nicht weit vom Garrensee taucht zwischen den Bäumen plötzlich ebenfalls in einer Senke der Plötscher See (neun Hektar groß, dreizehn Meter tief) mit dem Ruschensee (sechs Hektar groß, drei Meter tief) auf. Beide sind im Gegensatz zum Garrensee nährstoffreich. Die großflächige, extensive Beweidung der angrenzenden Flächen soll dazu beitragen, die Wasserqualität des Sees zu verbessern, heißt es beim Kieler Landesamt für Landwirt-

37

schaft, Umwelt und ländliche Räume. Geheimnisvoll und vollständig von Wald umgeben grüßt schließlich die Schwarze Kuhle den Spaziergänger. Der saure, unzugängliche Moorsee hat eine Fläche von drei Hektar und ist bis zehn Meter tief. Entlang des Ufers wächst ein Schwingrasen-Verlandungsgürtel heran.

Wer nach gut sieben Kilometern in Salem angekommen ist, schnuppert keine Waldluft mehr, sondern eine frische Brise, die vom Pipersee und vom Pfuhlsee her weht. Von der Dorfkirche, die auf einem Hügel steht, führt die Straße hinab zum Uferweg, der später von Kiefern umsäumt wird. Schließlich landet man mitten im Naturcampingplatz Salem (Seestraße 60, Salem), wo von April bis Oktober neuerdings Tiny Houses mit Panoramafenstern gemietet werden können. Im Bistro Wildkehlchen speisen neben Campern auch Tagesgäste. Es hat mittwochs bis sonntags geöffnet und serviert unter anderem Wildschwein-Bratwurst sowie gebackenen Zander aus Mecklenburg-Vorpommern.

GUT ZU WISSEN

Seit einiger Zeit beobachtet die Kreisverwaltung vermehrt Verstöße gegen Regeln, die in Naturschutzgebieten

Funkelnder See mit nährstoffarmem Wasser

wie rund um den Garrensee gelten. Besonders häufig wird missachtet, dass nur an den drei ausgewiesenen Stellen gebadet werden darf. Die Benutzung von Wasserfahrzeugen aller Art (auch Schlauchboote, Luftmatratzen und Standup-Paddling) ist nicht zulässig. Wer erwischt wird, muss mit Ermahnungen und einem Ordnungswidrigkeitsverfahren rechnen.

FAUNA UND FLORA

Diese Region ist von europäischer Bedeutung: Die schmelzenden Gletscher haben während der letzten Eiszeit vor rund 11 000 Jahren Talrinnen, Hochmoore und steile Moränenhänge entstehen lassen. Die Buchen beherrschen den Wald, auch mit ihrem Totholz. An der Zersetzung eines abgestorbenen Holzstamms sind allein sechshundert Großpilzarten und rund 1350 Käferarten beteiligt. Spechte lieben morsches Holz und zimmern darin ihre Bruthöhlen. Verlassen sie diese, suchen Fledermausarten darin ihr Winterquartier. Weil der Garrensee nährstoff- und kalkarm ist, hat sich am Ufer die seltene Strandlings-Gesellschaft mit dem Europäischen Strandling und dem See-Brachsenkraut angesiedelt – beide sind bundesweit in ihrem Bestand gefährdet.

HIGHLIGHTS

1 In **MÖLLN** (rund 19 000 Einwohner) soll im 14. Jahrhundert der Schalk und Narr Till Eulenspiegel seine letzten Lebensjahre verbracht haben. Im Westportal der Nicolaikirche (Am Mark 10) erinnert ein Gedenkstein aus dem Jahr 1530 an ihn.

2 Ratzeburgs Wahrzeichen ist der **DOM** (Domhof 18). Er wurde 1220 vollendet und prägt bis heute das Antlitz der Stadt. Zu den Kunstschätzen gehören das frühgotische Triumphkreuz (1260) und ein Flügelaltar (1420).

3 Der **SCHAALSEE** (24 Quadratkilometer groß) ist UNESCO-Biosphärenreservat und fischreich (u.a. Große Maräne). Fischereibetriebe gibt es u.a. in Zarrentin.

WEITERE INFORMATIONEN

→ Tipps für die Region www.herzogtum-lauenburg.de
→ Natur-Campingplatz Salemer See mit Preisen und Konditionen www.camping-salem.de

38 GROSSENSEE

Ein Natursee mit eisiger Geschichte

53° 36′ 49″ N, 10° 20′ 31″ O

60 m ✓ ✓ ✕

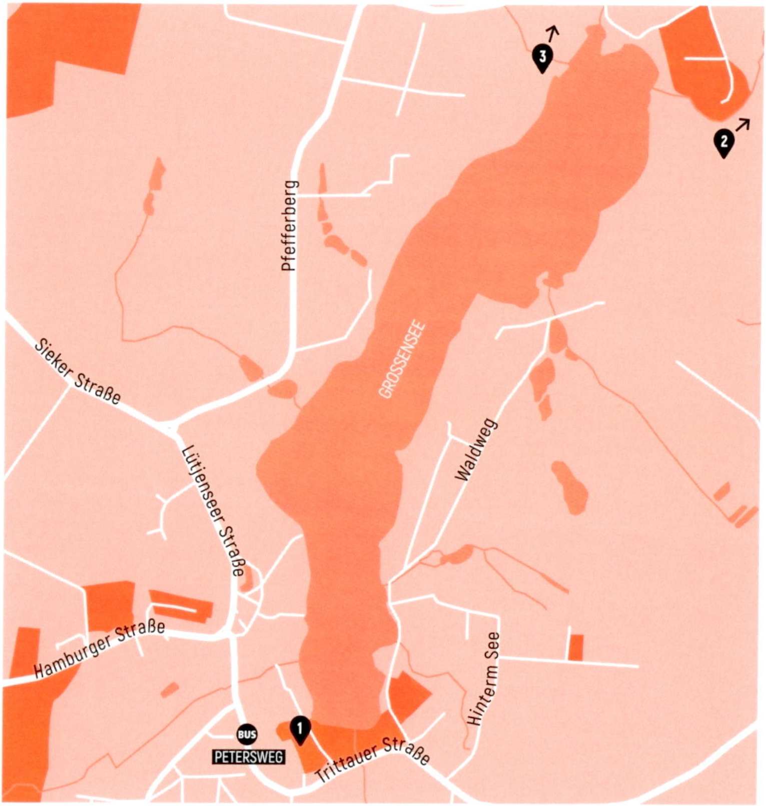

ENTERN UND ANKERN

Vom Hamburger Hauptbahnhof mit der RB 81 (Richtung Bad Oldesloe) bis zum Bahnhof Rahlstedt. Von dort aus mit dem Bus der Linie 264 (Trittau/Vorburg) bis zur Haltestelle Großensee, Petersweg. Danach schließt sich ein Fußweg von neun Minuten an (Fahrzeit insgesamt: rund eine Stunde). Mit dem Auto: Kostenlose und zahlreiche Parkplätze in Freibadnähe auf einer leichten Anhöhe. Adresse: Seestraße 1 A, Großensee. Fahrradständer sind vorhanden. Die frühere Badestelle Nord ist für Autofahrer wegen einer Dauersperrung des Parkplatzes nicht mehr erreichbar.

STRAND UND WASSER

An lauen, späten Sommerabenden leuchtet der See in mildem Sonnenglanz. Die sanften Wellen des Wassers verströmen einen frischen Duft, von dem sich die Schwimmer betören lassen, selbst dann, wenn plötzlich vor ihnen ein dicker Karpfen lebensfroh aus dem Wasser springt. Der 73 Hektar umfassende Großensee (Kreis Stormarn in Schleswig-Holstein), gut 15 Kilometer von Hamburgs Stadtgrenze entfernt, ist ein Naturparadies mit Badespaßfaktor für Jung und Alt. Während das bis zu 16,4 Meter tiefe Gewässer mit dem sechs Kilometer langen Ufer der Hansestadt Hamburg gehört, betreibt die Gemeinde Großensee das gepflegte Strandbad. Direkt an den sechzig Meter langen Sandstrand schließt sich eine Liegewiese an, auf der etliche Birken stehen. Nichtschwimmer- und Schwimmerbereiche sind getrennt. Wer ins kühle Nass springen will, kann den langen Bootssteg als Startrampe nutzen. Für die Sicherheit der Badegäste sorgt bei den regulären Öffnungszeiten ein Team der Deutschen Lebens-Rettungs-Gesellschaft. Ein Volleyballplatz, Toiletten, Duschen, 18 Schließfächer, Spielgeräte für Kinder und ein Imbiss mit Speisen und Getränken komplettieren das Angebot.

Der Großensee ist ein Resultat der letzten Eiszeit. Mit der großen Schmelze sammelte sich das Wasser inmitten eines Hügellandes in einer Senke. Im südlichen Teil des Sees befindet sich eine Insel, auf der Gänse weitgehend ungestört brüten können. Der See wird durch Grundwasser gespeist. Dazu kommen die Niederschläge der Gemeinde Großensee. Sie werden über ein Regenklärbecken in den See geleitet. Wenn der vollläuft, wird er über die Verbindung zum Mönchsteich, den Trittauer Mühlenbach und über die Corbek bis zur Bille entwässert; danach fließt sein Wasser in die Elbe und dann schließlich in die Nordsee. Nach Behördenangaben hat

38

der Großensee ganzjährig »relativ klares Wasser«; er befindet sich noch in einem guten ökologischen Zustand. Die Hamburger Wasserwerke betreiben hier zehn Brunnen mit einer Tiefe von bis zu 226 Metern. Bis 1988 wurde zusätzlich Seewasser aufbereitet. Aus diesem Einzugsgebiet versorgt das Unternehmen unter anderem den Hamburger Stadtteil Rahlstedt mit Trinkwasser.

LANDGANG UND TINGELTANGEL

Für alle, die Hochzeit feiern wollen: Das Strandhus am Großensee, Nachbar des Freibades Südstrand, ist dafür eine attraktive Location. Der Hochzeitsgarten verfügt über individuelle Pavillons und bietet mit dem Steg am Wasser die romantische Kulisse für Hochzeitsfotos. Das Restaurant hat rund hundert Plätze. Für alle, die nicht heiraten, sondern nur wandern oder Fahrrad fahren wollen, sei die Umrundung des Großensees empfohlen. Die Strecke ist etwa 7,5 Kilometer lang, führt zunächst hinter dem Freibad unter Fichten an einem moorigen Gelände vorbei, bis der See wieder vor einem liegt. Am anderen Ende geht es über den alten Dorfkern an einem Campingplatz vorbei und wieder zurück.

Sanft abfallender Strand am Großensee

STRANDGEFLÜSTER

Die Überschrift für diesen Teil der Beschreibung des Großensees könnte statt »Strandgeflüster« auch »Strandgefieder« heißen. Denn die Badegäste müssen tolerant sein, weil sie sich Strand und Wiese mit Dutzenden von Wildgänsen teilen müssen. Der Vogelkot könnte gesundheitsschädlich sein, lautete immer wieder ein Argument, um die Population zu dezimieren. Die Gemeinde Großensee hatte vor einigen Jahren sogar eine Abschussgenehmigung für die Gänse erwirkt. Daraufhin hagelte es Proteste von Tierfreunden. Also begaben sich auch 2021 wieder zahlreiche Grau- und Nonnengänse ungestört am Südstrand auf Nahrungssuche. Die kleine Insel davor bietet ihnen offenbar ideale Brutbedingungen.

FAUNA UND FLORA

Die Sportangler-Vereinigung Hamburg als Seepächterin weiß, was im Wasser schwimmt: Hechte, Karpfen, Maränen, Schleie, Aale, Barsche und Brassen. Artenreich ist auch der Bestand an Wasserpflanzen. In einer nördlichen Bucht wachsen die letzten Exemplare des Schwimmenden Froschkrauts in Schleswig-Holstein. Beachtlich ist die Strandlings-Population.

HIGHLIGHTS

1 **CAMPINGPLATZ ABC** (Trittauer Straße 11, Großensee) mit rund 45 Plätzen und Sanitäreinrichtung. E-Mail-Kontakt: info@campingplatz-abc.de

2 **GRÖNWOHLD**, die kleine Gemeinde im Kreis Stormarn, war Drehort für die NDR-Fernsehreihe »Neues aus Büttenwarder«. Fans können sich den »Dorfkrug« (Gasthof »Unter den Linden«) anschauen.

3 Das **RESTAURANT SEEHOF** am Lütjensee (Seeredder 22–25, Lütjensee) begeistert mit seinem eleganten Ambiente und köstlichem Fisch aus eigener Teichwirtschaft sowie Wild aus eigener Jagd und regionalen Jagdrevieren.

WEITERE INFORMATIONEN

→ Infos der Gemeinde Großenseee www.grossensee.eu
→ Hotel und Restaurant am Lütjensee www.seehof-luetjensee.de
→ Hochzeits- und Feierlocation am Großensee www.das-strandhus-grossensee.de

39

RETTIN (NEUSTADT)

Geheimtipp für Hund und Mensch

52° 30′ 58″ N, 13° 22′ 38″ O

↔ 10 km ✓ ✓ ✓

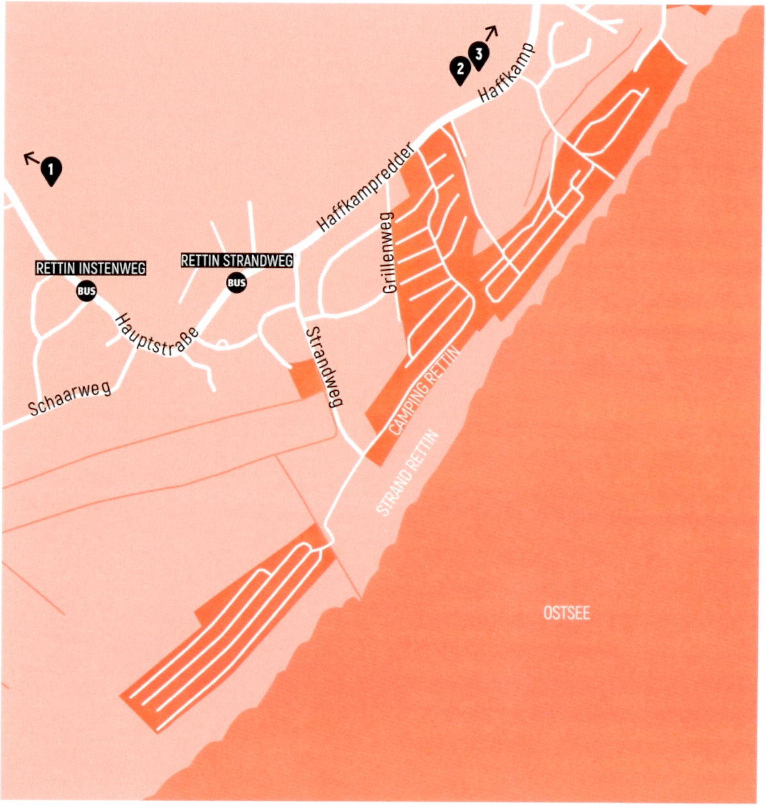

39

ENTERN UND ANKERN

Mit dem Auto auf die A1 Richtung Fehmarn (Abfahrt Neustadt) und dann über die Landstraße nach Rettin. Navi für den Parkplatz: Strandweg 93, Rettin, Neustadt in Holstein. Wer in Hamburgs Osten wohnt, braucht dafür eine bis anderthalb Stunden. Länger dauert die Fahrt mit der Bahn ab Hamburg-Hauptbahnhof (zweieinhalb Stunden; bis Neustadt, danach mit dem Bus 5518 und Sammeltaxi). Erst dann ist man Ziel. Entern mit dem Schiff ist nicht möglich, denn Rettin hat keinen eigenen Anleger. Die nächste Marina: Neustadt.

STRAND UND WASSER

Rettin, sechs Kilometer nördlich von Neustadt, gilt als Ruhepol in der Lübecker Bucht, ein Geheimtipp an der Ostsee. Zehn Kilometer lang ist der Strand zwischen Neustadt und seinen kleinen Ortsteilen Pelzerhaken und Rettin. Wow! Ein Eldorado für Hunde und Herrchen, »Frauchen« inklusive. Am Strandabschnitt 23 erstreckt sich ein rund vierhundert Meter langer Hundestrand – feiner Sand für Mensch und Hund, am Ufer ist es dagegen etwas steinig. Badelustige Tiere wie die Italienischen Wasserhunde (der Hund auf dem Foto ist ein Exemplar dieser Rasse) wissen das Flachwasser zu schätzen, und auch die Menschen können an den anderen Strandabschnitten weit ins Wasser waten, bis ihre Hüften im Meer versinken.

Die Hunde der Tagesgäste sind in Rettin selten allein, denn immer wieder kommen Dauercamper mit ihren Vierbeinern zum Baden an diesen Strandabschnitt. Die anderen Bereiche bleiben den Badegästen (auch FKK) und Surfern vorbehalten. Die Badewasserqualität wird von der Landesregierung als »ausgezeichnet« angegeben. Der feine Strandsand stammt übrigens, erdgeschichtlich betrachtet, aus Skandinavien. Während der letzten Eiszeit vor 11 700 Jahren transportierten gigantische Gletscher Gesteinsschutt samt Sand vom hohen Norden an die heutige schleswig-holsteinische Ostseeküste. Wie es unter Wasser aussieht, können Taucher und Schnorchler am Tauchplatz Steinwall (Neustadt) erleben. In fünf Metern Tiefe hausen Klippenbarsche, Schwarzgrundeln und Seeskorpione auf Seegraswiesen.

LANDGANG UND TINGELTANGEL

Die Seepromenade verbindet Neustadt mit Pelzerhaken und Rettin. Imbissbuden, die leckere Fischbrötchen und Lachs aus dem Ofen anbieten, säumen ebenso den Weg wie Spielplätze, steinerne Kunstwerke, Toilettenhäuschen, Trimm-dich-Geräte

39

und kleine Restaurants. Rettins beste gastronomische Adresse befindet sich am Strandweg 66. Zwischen den Dünen lugt die »Strandliebe« hervor. Die Küche des Hauses serviert Suppen, Schnitzel und Burger, selbstverständlich auch vegan.

Die gut zehn Kilometer lange Promenade ist im Sommer fest in der Hand der Camper, die mit Badelatschen und Luftmatratzen den Weg queren, um vom Wohnwagen an den Strand zu gelangen. Einer der Campingplätze (Camping Rettin) bietet auf einer Fläche von vier Hektar zweihundert Dauerplätze und acht Urlauberplätze. Hunde sind erlaubt. Wer von Rettin Richtung Neustadt flaniert, sieht auf der rechten Seite in den Rettiner Wiesen einen Turm (siehe Abschnitt »Gut zu wissen«) und wenig später Gebäude im hawaiianischen Stil – die Kailua Lodge in Pelzerhaken (Auf der Pelzerwiese 24). Das Feriendorf besteht aus Häusern, Ferienwohnungen und exklusiven Logdes. Sie bringen Südseeflair an den Ostseestrand.

Pelzerhaken ist ein Hotspot für Surfer. Sie gleiten mit ihren Neoprenanzügen bei Wind und Wetter über die Wellen. Jedes Jahr im April starten die Surfschulen in die neue Saison. Sail & Surf Pelzerhaken (Auf der Pelzerwiese 24) bietet Kurse an (z.B. Wind- und

Bei Hund und Herrchen beliebt: Rettin

Kitesurfen) und vermietet Katamarane sowie Optimisten.

GUT ZU WISSEN

Mitten in den Rettiner Wiesen ragt ein 83 Meter hoher Turm in die Höhe. Der Volksmund nennt ihn »Horchturm«. Bis 1992 war der Aufklärungsturm an der ehemaligen deutsch-deutschen Grenze fest in der Hand der Bundeswehr. Mit Geräten zur Fernmelde- und elektronischen Spionage überwachten Nato-Soldaten die Funkgespräche in der DDR. Inzwischen haben Turmfalken, Fledermäuse und Schwalben Besitz von diesem Betonturm ergriffen. Pläne, daraus einen Kletterturm zu machen, sind noch nicht realisiert.

FAUNA UND FLORA

An Sommerabenden zwitschern kurz vor Sonnenuntergang Singdrosseln jubilierend ihr Lied. Im angrenzenden, FFH-Schutzgebiet »Küstenlandschaft zwischen Pelzerhaken und Rettin« (Wiesen, Weideland, ehemaliges Steilufer) wächst das Breitblättrige Knabenkraut, eine Orchideenart, sowie Kuckuckslichtnelken. Kormorane und Brandgänse zählen zu den verbreiteten Vogelarten.

HIGHLIGHTS

1 In **NEUSTADT** (15 000 Einwohner) grüßt gleich bei der Stadteinfahrt ein imposantes Gebäude im Pagodenstil. 1830 gebaut, diente es als Getreidespeicher (Untere Querstraße 3).

2 Das ehemalige **BENEDIKTINER-KLOSTER CISMAR** (Bäderstraße 42, Grömitz), Teil des internationalen Jakobswegs, fasziniert mit seiner einzigartigen norddeutschen Backsteingotik. Im 13. Jahrhundert entstanden, ist es heute ein touristischer Anziehungspunkt.

3 Die **GRÖMITZER WELLE** (Kurpromenade 58, Grömitz) ist die beste Alternative zum Bad im Meer bei schlechtem Wetter: Badespaß und Sauna, garantiert regen- und kältefrei!

WEITERE INFORMATIONEN

→ Tipps für Übernachtungen und Events www.luebecker-bucht-ostsee.de
→ Campingplatz Rettin www.camping-rettin.de
→ Grömitzer Welle mit Salzwasser-Innenpool www.groemitzer-welle.de

40 TIMMENDORFER STRAND
Hamburgs Badewanne

53° 59′ 53″ N, 10° 46′ 47″ O

↔ 7 km ✓ ✓ ✓

ENTERN UND ANKERN

Der Weg ans Meer beginnt im Hamburger Hauptbahnhof: Mit dem Intercity nach Lübeck und dann mit der Regionalbahn Richtung Neustadt bis nach Timmendorfer Strand. Fahrzeit: eine Stunde, fünf Minuten. Mit dem Auto geht es im Hochsommer kaum schneller: Viele Tagesausflügler wollen an die Ostsee und landen zunächst in einer Blechlawine. Skipper wissen dagegen die gemütliche Fahrt durch die Lübecker Bucht zu schätzen, um im Yachthafen Niendorf festzumachen. Vom Boot aus sind Landmarken zu sehen: Maritim Hotel Travemünde, Hotel Seeschlösschen und das 101 Meter hohe Plaza Premium Hotel in Timmendorfer Strand.

STRAND UND WASSER

Tausende sonnenhungrige Gäste bevölkern im Hochsommer den gut sieben Kilometer langen feinen Sandstrand. Er ist in achtzig Strandabschnitte eingeteilt (Hundestrand: Abschnitt 2), Strandgebühr: drei Euro. Es gibt Sportstrände für Beachvolleyball, Beachsoccer und Surfschulen. Wohin das Auge reicht: 2500 Strandkörbe recken sich in Timmendorfer Strand und Niendorf, einem Ortsteil, der Sonne entgegen. Der Rostocker Hof-Korbmachermeister Wilhelm Bartelmann (1845–1930) wäre heute ein superreicher Mann. Denn er gilt als Erfinder und Erbauer des ersten Strandkorbs. Nun aber profitieren zahlreiche Strandkorbvermieter, die neuerdings auch Schlafstrandkörbe zum Übernachten am Meer anbieten. Ein Exemplar steht an der 150 Meter langen Seeschlösschenbrücke, auf der sich das Restaurant »Wolkenlos« im Mikado-Teehaus befindet. Dass dieses Gebäude in Pagodenform gebaut wurde, geht auf die Asienliebe von Jürgen Hunke, dem Unternehmer und früheren HSV-Präsidenten, zurück. Der Sammler von Buddha-Statuen drückte bereits mit seinen schneeweißen Villen im japanischen Stil Timmendorfer Strand seinen Stempel auf.

Strand und Meer sind das Kapital der 9000-Einwohner-Gemeinde mit ihren vierzig Hotels und insgesamt 12 000 Gästebetten. Wo schon der Schriftsteller Thomas Mann 1921 »schöne, stärkende Tage« erlebte, erfreut sich Hamburgs Badewanne mit ihrem »sehr guten« Wasser großer Beliebtheit. So jedenfalls wird die Badewasserqualität nach Angaben der Landesregierung seit Jahren bewertet. Allerdings treten in der Lübecker Bucht mit zunehmender Erderwärmung häufiger Vibrionen auf. Das sind Bakterien, die sich bei einer Wassertemperatur ab zwanzig Grad verstärkt

40

vermehren. Vibrionen können schwere Infektionen auslösen. Besonders ältere Menschen und Badegäste mit geschwächtem Immunsystem sind gefährdet. Im Jahr 2021 starb gar ein Patient an den Folgen dieser Infektion.

LANDGANG UND TINGELTANGEL

Sehen und Gesehen werden heißt es zu jeder Jahreszeit im »Café Wichtig« (Timmendorfer Platz 3). Prominente Gäste wie der Sänger Peter Maffay und H.P. Baxxter von der Band Scooter schauen hier vorbei. Früher waren es Außenminister Hans-Dietrich Genscher (1927–2016) und Literaturpapst Marcel Reich-Ranicki (1920–2013), die zu den Stammgästen in den Panorama-Suiten des 5-Sterne-Hotels »Seeschlösschen« zählten. Beach-Clubs, Lounges und Bars bieten fast rund um die Uhr für jeden Geschmack etwas. Mehr als 150 Geschäfte laden zum Shoppen ein. Wer es eher rustikal mag, unternimmt eine Tour in den Ortsteil Niendorf. Während Timmendorf erst um 1850 als Seebad Gestalt annahm, geht die Geschichte des Bauern- und Fischerdorfes Niendorf bis ins 14. Jahrhundert zurück. Am Niendorfer Hafen mit den nur noch wenigen

Seeschlösschenbrücke mit Mikado-Teehaus und Schlafstrandkorb (rechts)

Fischerbooten steht Klüvers Hafenräucherei. Mit Hafenblick genießen die Gäste frischen Fisch (Dorsch, Hering aus der Lübecker Bucht) und das beliebte hauseigene Bier.

GUT ZU WISSEN

Am 3. März 1945 und damit unmittelbar vor Kriegsende versenkten die Briten die Schiffe »Cap Arcona« und »Thielbek« in der Lübecker Bucht. Was sie nicht wussten: An Bord befanden sich 7500 Häftlinge aus dem KZ Neuengamme. Ihre Leichen wurden an die Strände gespült. Ein Denkmal auf dem Waldfriedhof Timmendorfer Strand (Zur Waldkirche 2) erinnert an die 810 Opfer, die hier bestattet wurden.

FAUNA UND FLORA

Südöstlich von Timmendorfer Strand erstreckt sich das 310 Hektar große Naturschutzgebiet »Aalbeek-Niederung« mit dem vierzig Meter tiefen Hemmelsdorfer See. Der zum Teil vier Meter unter Normalnull gelegene See ist der tiefste Festlandpunkt Deutschlands. In der Aalbeek-Niederung gedeihen Sumpfdotterblumen, hier rasten Zwergmöwen, und im See schwimmen Barsche, Brassen, Zander, Hechte und Aale.

HIGHLIGHTS

40

1 Im **SEA LIFE TIMMENDORFER STRAND** (Kurpromenade 5) können Meeresbewohner aus nordeuropäischen und tropischen Gewässern beobachtet werden, darunter Seepferdchen und Rochen.

2 In Travemünde (Am Leuchtenfeld 1) steht **DEUTSCHLANDS ÄLTESTER LEUCHTTURM**. Er wurde 1539 erbaut und ist 31 Meter hoch. Längst hat der Alte Leuchtturm ausgedient. Auf der oberen Etage können Besucher die noch funktionsfähige Anlage mit ihren 1000-Watt-Glühlampen bewundern.

3 Im **VOGELPARK NIENDORF** (An der Aalbeek) leben 1000 Vögel und 250 Arten, eingebettet in eine malerische Schilflandschaft.

WEITERE INFORMATIONEN

→ Vogelpark Niendorf www.vogelpark-niendorf.de
→ SEA LIFE Timmendorfer Strand www.visitsea-life.com
→ Übernachtungen www.timmendorfer-strand.de
→ Campen in der Nähe www.ostseecamping-seepferdchen.de
→ Erwachsene zahlen pro Gast/Nacht drei Euro Kurabgabe (15.5.–15.9.). Tagesgäste müssen diesen Betrag für die Strandnutzung zahlen (u.a. Automaten).

LITERATUR

BÜCHER, ZEITSCHRIFTEN, BROSCHÜREN

- Behörde für Stadtentwicklung und Umwelt (Hg.): Geo-Touren in Hamburg. Erweiterte Neuauflage, Hamburg 2008.
- Behörde für Stadtentwicklung und Umwelt (Hg.): Innenstadtkonzept Hamburg 2010, Hamburg 2010.
- Brenken, Anna/Kossak, Egbert: Hamburg. Metropole an Alster und Elbe, Hamburg 2001.
- Engel, Dorothée: Die Speicherstadt. Ein Spaziergang durch die Historie, Erfurt 2012.
- Feldmann, Ludger: Die Entwässerung der nordischen Eismassen während ihrer maximalen Ausdehnung, in: Terra Nostra 2002/6, 104–109.
- Först, Elke: Was der Wiederaufbau übrig ließ – Archäologische Baubefunde des Mittalters und der Frühen Neuzeit in der Großbaustelle des neuen Quartiers Cremon-Insel, in: Hammaburg N.F. 17 (Hg. Rainer-Maria Weiss), Hamburg 2017, 23–59.
- Freie und Hansestadt Hamburg/Behörde für Energie und Umwelt (Hg.): Hamburger Badegewässer. Badegewässerprofil, Hamburg 2019.
- Gebhardt, Hans et al. (Hg.): Geographie. Physische Geographie und Humangeographie, 2. Auflage Heidelberg 2016.
- Gretzschel, Matthias/Zapf, Michael: Hamburgs Alster, Hamburg 1997.
- Grobecker, Kurt: Hafen Hamburg, 2. Auflage Hamburg 2004.
- Grotzinger, John/Jordan, Thomas: Allgemeine Geologie, 7. Auflage Berlin/Heidelberg 2017.
- Hamburg Port Authority (Hg.): Monitoring von Vegetationsveränderungen am Nordufer der Elbinsel Neßsand mit Schweinesand, Hamburg 2010/2014/2016.
- Hasse, Edgar S.: Hamburg ganz schön plietsch. Die Hansestadt in 100 Stichworten, Hamburg 2016.
- Hipp, Hermann: Amphibisches

Hamburg, in: Werk, Bauen + Wohnen 91 (2004, 7/8), 6–15.
- Herde, Heiner: Timmendorfer Strand. Bilder aus den Wirtschaftswunderjahren, Erfurt 2018.
- Kemper, Hella: Elbschwimmer. Die Rückkehr der Badekultur, Hamburg 2006.
- Kopitzsch, Franklin/ Tilgner, Daniel (Hg.): Hamburg Lexikon, 2. Auflage Hamburg 2000.
- Kossak, Egbert: Hamburg. Die grüne Metropole, Hamburg 1996.
- Kummereincke, Sven/Bast, Eva-Maria: Hamburger Geheimnisse, Überlingen 2016.
- Landkreis Stade, Naturschutzamt (Hg.): Umwelt im Kreis (Jg. 11), Stade 2009.
- Meier, Dirk: Die Unterelbe. Vom Urstromtal bis zur Elbvertiefung, Heide 2014.
- Menard, Henry W.: Inseln. Geologie und Geschichte von Land im Meer, Heidelberg 1986.
- Meyer, Lothar (Hg.): Von Insel zu Insel. Ein Lesebuch, Frankfurt am Main 1990.
- Ministerium für Energiewende, Landwirtschaft, Umwelt und ländliche Räume des Landes Schleswig-Holstein (Hg.): Managementplan für das FFH-Gebiet Großensee, Mönchsteich, Stenzer Teich, Kiel 2014.
- Reinstorf, Ernst: Geschichte der Elbinsel Wilhelmsburg, Norderstedt 2003.
- Rudolph, Frank et al.: Steine an Fluss, Strand und Küste, Stuttgart 2021.
- Schmidt, Thomas: Was kreucht und fleucht in Hamburg? Ein tierkundlicher Stadtführer zu Biene, Frosch und Ringelnatter, Hamburg 2018.
- Schubert, Dirk: Hamburg – Amphibische Stadt im (inter-)nationalen Kontext, in: Stadtentwicklung zur Moderne. Die Entstehung großstädtischer Hafen- und Bürohausquartiere, Berlin 2013, 53–61.
- Stiftung Naturschutz Hamburg und Stiftung Loki Schmidt zum Schutze gefährdeter Pflanzen (Hg.): Unser grünes Wilhelmsburg, Hamburg 2006.
- Wippermann, Frank: Bergführer Hamburg. 80 Touren und 89 Gipfel, 4. Auflage Hamburg 2022.
- Wolf, Felix (Red.): Natur in Hamburg. 30 thematische Touren, Hamburg 2015.

INTERNET-QUELLEN

https://www.
- abendblatt.de
- alt-wilhelmsburg.de
- amh.de
- Binde, Nico: Hier liegen die zehn schönsten Strände Hamburgs, (https://www.abendblatt.de/

hamburg/article214918995/ Hier-liegen-die-zehn-schoensten-Straende-Hamburgs.html), Hamburger Abendblatt, 23.8.2018

- botanischerverein.de
- buergerverein-wandsbek.de
- geoportal-hamburg.de
- geschichtsspuren.de
- geschichtswerkstatt-wilhelmsburg.de
- hafen-hamburg.de
- hafensafari.de
- hamburg.de
- hamburg-port-authority.de
- kuestendaten.de
- lsbg.hamburg.de
- metropolregion.hamburg.de
- shmh.de
- thb.de
- umweltdaten.landsh.de
- verkehrsrundschau.de
- welt.de
- wikipedia.de
- wip-wilhelmsburg.de

BILDNACHWEIS

Alle Fotografien wurden bis auf die folgenden vom Autor Edgar E. Hasse aufgenommen:

- Lisa Mandelartz: S. 13, 53, 61, 79, 83
- Wolfgang Fricke: S. 31 (Peking 2020 in Hamburg, CC BY 3.0)
- Hackercatxxy: S. 32 (Elbphilharmonie, Blick von der Elbe; CC BY-SA 4.0)
- Reinhard Kraasch: S. 45 (Müggenburger Zollhafen, Peute; CC BY-SA 4.0)
- Awesok: S. 49, (Windmühle »Johanna«, CC BY-SA 4.0)
- AnneChrist Simon: S. 122 (Blick auf den Boberger See, NSG Boberger Niederung; CC BY-SA 3.0)